KSS 近代消防新書 020

東日本大震災 上

―被害状況と復興計画の検証―

三 舩 康 道

近代消防社 刊

はじめに

平成23年3月11日、午後2時半過ぎに都庁での用件を終え、第一本庁舎の1階のカフェで打合せをしていた時に地震が来た。天井板が音を立てて揺れ「天井が落下するかもしれない」という恐怖感から外へ出た。

これが、マグニチュード9・0、日本では観測史上最大で、千年に一度といわれる巨大地震との出会いであった。宮城県栗原市では震度7を記録し、東日本の沿岸部に巨大津波が襲い、マスコミでは岩手県や宮城県の沿岸部が津波に襲われる状況や、福島県における原発事故を「想定外」という表現を持って伝えた。

3月19〜22日に大船渡市、陸前高田市、気仙沼市に入り津波による惨状を見た。そして、その後も他の被災地を訪れた。被災地の惨状を見ながら、平成16年12月26日に発生した、マグニチュード9・1（〜9・3）のスマトラ島沖地震・インド洋津波を思い出していた。

21世紀になって間もないにもかかわらず、今世紀最大の災害と呼ばれた災害であった。1か月後にマレーシアのペナン周辺、タイのプーケット周辺の被災地を視察した。

そして、平成17年の4月からＪＩＣＡが受注した最大の被災地インドネシアのバンダ・アチェ市の復興計画策定のため、特別防災アドバイザーとして現地に赴任し、9月まで、東京とバンダ・アチェ市を行き来した。この業務は私の人生の中でも貴重な経験となったが、津波被害の惨状は言葉に尽くせなかった。

東日本大震災の復興には、派遣専門家として、大船渡市の集落の復興まちづくりに関わった。そして、5年後からは毎年、グループでの被災地縦断ツアーに参加し、岩手・宮城・福島各県の復興状況を視察したが、これも大きな経験となった。

地震の発生後から近代消防や新聞への寄稿が求められ、平成23年8月には共著で「東日本大震災からの復興覚書」を出版した。今年、10年目を迎えるにあたり、これら執筆した中から本としてまとめることになった。

上巻では、発災当時に視察した多くの自治体の被害状況を取り上げ、原子力発電所事故以外の、岩手県と宮城県の自治体の中から策定された復興計画の検証内容を収録することにし、参考までにスマトラ島沖地震・インド洋津波における最大の被災地となったインドネシアのバンダ・アチェ市の復興計画を加えた。

目　次

第１章　東日本大震災の被害状況

１　東日本大震災と被害の概要

平成23年３月11日、岩手県から茨城県にかけて幅約２００キロメートル、長さ約５００キロメートルの地域を震源域とする巨大地震が発生した。地震のマグニチュードは我が国の観測史上最大となる９・０であり、これは世界の観測史上でも４番目の地震であった。この大地震は８６９年の貞観地震以来の大地震であり、そのことから、千年に一度といわれる地震と呼ばれ、巨大津波が東北地方の太平洋岸を襲った。

地震や津波の被害は、岩手県、宮城県、福島県が多かったが、それに加えて、今回は、阪神・淡路大震災を超える大火災をもたらした。港湾地区にあった石油タンクが被災し、また船が被災したことによる油の漏れにより、津波型火災が沿岸の都市に発生した。

そして福島県における原子力発電所が被災し、その情報は世界中に報道された。

気象庁ではこの地震を「平成23年（２０１１年）東北地方太平洋沖地震」と命名し、被害の大きさから、政府は4月1日に東北地方太平洋沖地震による災害及びそれに伴う原子力発電所事故による災害について「東日本大震災」と呼ぶことに決定した。

地震、津波の状況及び被害状況を見ると、最大震度は宮城県の栗原市が7であり、最大波は福島県相馬の９・３メートル以上であった（表：1）。震度6弱以上の市町村は栗原市を含めて１１０市町村に上った（表：2）。被害の状況を見ると、死者・行方不明者は2万2、０００人を超え、建物の全壊及び半壊の棟数は40万棟を超えた（表：3）。都道府県別の人的被害と物的被害を見ると、これも岩手県、宮城県、福島県が多かった（表：4、5）。

このような災害に対して、消防活動は3月11日～6月6日まで行われ、延人員約11万人が活動し約5千人を救出救助した（表：6）。自衛隊の大規模震災対処の派遣活動は、3月11日～8月31日の間行われ、延人員約1、０５８万人（1日の最大派遣人員約１０・７万人）であり、原子力災害対処の派遣活動は3月11日～12月26日の間行われ、延人員約8万人であった（防衛省ＨＰより）。

第1章　東日本大震災の被害状況

表1. 地震の状況

(1) 地震の概要	
① 発生日時	平成23年3月11日　14時46分
② 震央地名	三陸沖（北緯38.1度、東経142.9度）
③ 震源の深さ	24km
④ 規模	モーメントマグニチュード9.0　※1
⑤ 各地の震度（震度6弱以上）	震度7　宮城県：栗原市 震度6強　宮城県、福島県、茨城県、栃木県の一部 震度6弱　岩手県、宮城県、福島県、茨城県、栃木県、群馬県、埼玉県、千葉県の一部
⑥ 津波 （津波警報（大津波）が発表された津波予報区）	3月11日 14:49 発表：岩手県、宮城県、福島県 15:14 発表：青森県太平洋沿岸、茨城県、千葉県九十九里・外房 15:30 発表：伊豆諸島、北海道太平洋沿岸東部、北海道太平洋沿岸西部 16:08 発表：青森県日本海沿岸、千葉県内房、小笠原諸島、相模湾・三浦半島、静岡県、和歌山県、徳島県 22:53 発表：高知県 →　以後段階的に津波警報・津波注意報に移行 3月13日 17:58 全ての津波注意報が解除
主な検潮所で観測した津波の観測値	6月10日21:00現在 ・相馬　最大波　3月11日　15時51分　9.3m以上※2 ・石巻市鮎川　最大波　3月11日　15時26分　8.6m以上※2 ・宮古　最大波　3月11日　15時26分　8.5m以上※2 ・大船渡　最大波　3月11日　15時18分　8.0m以上※2 ・八戸　最大波　3月11日　16時57分　4.2m以上※2 ・釜石　最大波　3月11日　15時21分　4.2m以上※2 ・大洗　最大波　3月11日　16時52分　4.0m ・えりも町庶野　最大波　3月11日　15時44分　3.5m ※1　モーメントマグニチュードとは、地下岩盤のずれの規模（ずれ動いた部分の面積×ずれた量×岩石の硬さ）をもとにして計算したもの。（規模の大きな地震を正確に表すのに有効）（気象庁） ※2　観測施設が津波により被害を受けたためデータを入手できない期間があり、後続の波でさらに高くなった可能性がある。（気象庁）
(2) 東北地方太平洋沖地震の余震（気象庁情報）	余震は、岩手県沖から茨城県沖にかけて、震源域に対応する長さ約500km、幅約200kmの範囲に密集して発生しているほか、震源域に近い海溝軸の東側、福島県及び茨城県の陸域の浅い場所も含め、広い範囲で発生。 これまでに発生した余震は、最大震度6強が2回、最大震度6弱が3回、最大震度5強が17回、最大震度5弱が54回、最大震度4が338回（令和2年3月1日現在）。

（出展）平成23年（2011年）東北地方太平洋地震（東日本大震災）について（第160報）
令和2年3月10日8時00分　総務省消防庁災害対策本部

表 2. 震度 6 弱以上の市町村

深度	市町村名
震度 7	宮城県：栗原市
震度 6 強	宮城県：涌谷町、登米市、美里町、大崎市、名取市、蔵王町、川崎町、山元町、仙台市、石巻市、塩竈市、東松島市、大衡村 福島県：白河市、須賀川市、国見町、鏡石町、天栄村、楢葉町、富岡町、大熊町、双葉町、浪江町、新地町 茨城県：日立市、高萩市、笠間市、常陸大宮市、那珂市、筑西市、鉾田市、小美玉市 栃木県：大田原市、宇都宮市、真岡市、市貝町、高根沢町
震度 6 弱	岩手県：大船渡市、釜石市、滝沢村、矢巾町、花巻市、一関市、奥州市、藤沢町 宮城県：気仙沼市、南三陸町、白石市、角田市、岩沼市、大河原町、亘理町、松島町、利府町、大和町、大郷町、富谷町 福島県：福島市、郡山市、二本松市、桑折町、川俣町、西郷村、中島村、矢吹町、棚倉町、玉川村、浅川町、小野町、田村市、伊達市、本宮市、いわき市、相馬市、広野町、川内村、飯館村、南相馬市、猪苗代町 茨城県：水戸市、土浦市、石岡市、常総市、常陸太田市、北茨城市、取手市、つくば市、ひたちなか市、鹿嶋市、潮来市、坂東市、稲敷市、かすみがうら市、桜川市、行方市、つくばみらい市、茨城町、城里町、東海村、美浦村 栃木県：那須町、那須塩原市、芳賀町、那須烏山市、那珂川町 群馬県：桐生市 埼玉県：宮代町 千葉県：成田市、印西市

（出展）平成 23 年（2011 年）東北地方太平洋沖地震（東日本大震災）について（第 160 報）
令和 2 年 3 月 10 日 8 時 00 分　総務省書消防庁災害対策本部

表 3. 被害の状況

(1) 人的被害	令和 2 年 3 月 1 日現在 死　者　19,729 人 行方不明者　2,559 人 負　傷　者　6,233 人
(2) 住家被害	令和 2 年 3 月 1 日現在 全　壊　121,996 棟 半　壊　282,941 棟 一部破損　748,461 棟 床上浸水　1,628 棟 床下浸水　10,075 棟
非住家被害	公共建物　14,527 棟 その他　92,059 棟
(3) 火災の発生状況	平成 24 年 7 月 5 日 確定値　330 件

（出展）
平成 23 年（2011 年）東北地方太平洋地震（東日本大震災）について（第 160 報）
令和 2 年 3 月 10 日 8 時 00 分
総務省消防庁災害対策本部

表4. 被害の状況（人的被害）

令和２年３月１日現在

都道府県名	人的被害					
	死者	行方不明		負傷者		
				重症	軽傷	程度不明
	人	人	人	人	人	人
青森県	3	1	110	25	85	
岩手県	5,144	1,112	213	4	50	159
宮城県	10,566	1,219	4,148	502	3,618	28
福島県	3,904	224	183	20	163	
茨城県	66	1	714	34	680	
栃木県	4		133	7	126	
埼玉県	1		104	10	94	
千葉県	22	2	261	30	231	
東京都	8		119	22	97	
神奈川県	6		137	17	120	
その他	5		111	29	82	
計	19,729	2,559	6,233	700	5,346	187

（出展）平成23年（2011年）東北地方太平洋沖地震　（第160報　別紙）
令和２年３月10日　総務省消防庁災害対策本部

表5. 被害の状況（住家被害、非住家被害、火災）

令和２年３月１日現在

都道府県名	住家被害					非住家被害		火災
	全壊	半壊	一部破損	床上浸水	床下浸水	公共建物	その他	
	棟	棟	棟	棟	棟	棟	棟	件
青森県	308	701	1,005				1,402	11
岩手県	19,508	6,571	19,064		6	529	4,178	33
宮城県	83,005	155,130	224,202		7,796	9,948	16,848	137
福島県	15,435	82,783	141,053	1,061	351	1,010	36,882	38
茨城県	2,634	24,995	191,490	75	624	1,763	20,835	31
栃木県	261	2,118	74,053			718	9,706	
埼玉県	24	199	16,511			95		12
千葉県	801	10,155	55,080	157	731	12	827	18
東京都	20	223	6,570			419	786	35
神奈川県		41	459				13	6
その他		25	18,974	335	567	33	582	9
計	121,996	282,941	748,461	1,628	10,075	14,527	92,059	330

（出展）平成23年（2011年）東北地方太平洋沖地震　（第160報　別紙）
令和２年３月10日　総務省消防庁災害対策本部

表 6. 消防機関の活動

(1) 緊急消防援助隊	
①派遣期間	3月11日(金)~6月6日(月)〈88日間〉 ※6月6日15時30分をもって緊急消防援助隊全隊帰任
②派遣人員総数 派遣部隊総数	30,684人 8,854隊 ※交代分を含む派遣された人員・部隊の総数である。
③延べ派遣人員 延べ派遣部隊数	109,919人 31,166隊
④最大時派遣人員 最大時派遣部隊数	6,835人 1,870隊
⑤ 活動実績	ア 航空部隊は情報収集、人命救助及び空中消火等に、陸上部隊は消火・救助活動等に従事し、消防庁において把握している救助者数は5,064人(地元消防本部等と協力し救出したものを含む。) なお、福井県ヘリコプター及び福岡市ヘリコプターが福島県内での活動終了後放射線線量の測定を行ったところ、人体に影響のないレベルの数値を検値したため、除染を実施 イ 水上部隊は、3月11日からコンビナート火災の消火活動に従事
⑥救助・救出状況	5,064人
(2) 地元消防本部等	
①	被災地では、消防機関の人員(消防吏員、消防団員)が県内の広域応援も含め、消火、救助、救急等の対応を行っている。 特に被害の大きい岩手県、宮城県、福島県における県内応援における出場隊数は、岩手県14隊49人、宮城県5隊16人、福島県23隊78人となっている。(3月25日時点)
②	仙台市消防局では、3月24日までに、2,994人の救助を行った。
③	常備消防等・消防団の被害状況 ア 死者・行方不明者数 消防職員 死者・行方不明者 27人、負傷者 5人 消防団員 死者・行方不明者 254人、負傷者 81人 イ 建物被害 消防本部・消防署 143棟、分署又は出張所等 161棟 消防団拠点施設 463箇所 ウ 車両等被害 常備消防 車両 86台、消防艇 2艇 消防団 車両255台 ほかに宮城県防災航空隊 ヘリコプター 1機

(出展)平成23年(2011年)東北地方太平洋地震(東日本大震災)について(第160報)
令和2年3月10日8時00分 総務省消防庁災害対策本部

2　課題は想定外

平成23年3月11日14時46分頃に三陸沖で発生した地震を、気象庁は「平成23年（２０１１年）東北地方太平洋沖地震」と命名した。

地震発生時、都庁にいた私は、深夜、帰宅後、テレビのニュースで郷里の岩手県そして宮城県に甚大な被害をもたらしたことを知った。美しい海岸線を持ち、陸中海岸国立公園として知られる三陸の町が流される様を見て、平成16年12月26日に発生した、スマトラ島沖地震・インド洋津波を思い出した。

３月19日、知人と車で東京を出発し、その日は山形県の鶴岡市で一泊し、翌日、仙台へ向かい国道４号を北上した。岩手県の沿岸部に行くのに、東北縦断自動車道は自衛隊や救援物資の輸送に限定されていた。行く途中、ガソリン待ちで多くの車が並んでおり、山形県経由で２日もかかった。このことが今回の災害の大きさを認識させた。大船渡市に着き、被災しなかった友人の家に宿泊した。

翌朝、高校の同級生だった大船渡市長に挨拶し、被災地を通りながら最初に気仙沼市に行き、次に陸前高田市、そして大船渡市へと北上し視察することにした。死者・行方不明者が増え続け、原子力発電所の被害が広がっているように、まだ被害の全貌が把握できていないが、これらの被災地を視察した中から報告し、これからの災害対策について展望する。

(1) 気仙沼市の被害状況

気仙沼市では、津波の被害（図．1）とともに、火災が報道された。津波であるが、海面上の廃材が燃えている映像には驚かされた。

そして焼け野原となった場所を見て、阪神・淡路大震災における神戸市の長田区を思い出した。長田区とは大火災になった経緯は異なるが、一面火災の跡で、まだ多少臭いも残っていて生々しい。まだ東京消防庁の部隊も活動している。しかし、東京消防庁による作業も最終段階のようであった（図．2、3）。

焼け跡の建物を見ると、石油缶のようなものが多数転

図. 1　津波に流された船

がっているものもあり不安も覚えた。車もいたるところに流されているが、タイヤは焼け、残されているのは金属のみである。鉄骨が弱々しく残り、黒く焦げた建物からは、二次災害の恐さを知らされた。

(2) 陸前高田市の被害状況

陸前高田市は、既に報道されている通り、市街地はほとんど流されていた。市役所も被災して機能を失った。山と海に囲まれた平野の部分がすっかり流され、残されているのは、鉄骨のむき出しになった建物と鉄筋コンクリート造の建物である。

図. 2　焼野原となった被災地

図. 3　東京消防庁の活動

しかし、残されているとはいえ、鉄筋コンクリート造の建物はとても使えるものではない。木造の建物は基礎あるいは土台を残して流されていた。そのため、地面には残材も少なく、被災後は平坦な様相を呈している（図．４）。

このように流された市街地を見て、スマトラ島沖地震におけるバンダ・アチェ市を思い出した。ＪＩＣＡを通じて、復興計画作成に携わったが、バンダ・アチェ市は、海岸線から2キロメートルの範囲が流されて何も無くなった都市であり、陸前高田の状況がそっくりである。

バンダ・アチェ市の復興計画では、市の中心部を1キロメートル内陸側に移動させ都市をつくり直した。陸前高田の復興計画作成にはそのように大胆な方法が必要になるかも知れないと思った。

港の先端にホテルがあるが、海岸線の突端のようであり、海沿いの道路は津波により破壊されている。海の前方に防潮林としての機能もあった国の名勝高田松原は、7万本の松の木を有

図．４　残された基礎と土台

していたが巨大津波でほとんどなぎ倒され、１本を残すのみとなった。ホテルの海に面する面の破壊はすさまじく、松の木がロビーに突っ込んでいる姿が物語っている（図．５、６）。

また、市街地を離れ農村に行くと、津波被害は農地にも及んでいた。

（3）大船渡市の被害状況

大船渡市では、大船渡町、盛町そして赤崎町の被災地を見て回った。国道45号は高台にあり、国道45号より海側の湾岸エリアの被害は大きい。しかし、高台にもかかわらず国道45号より内陸側にも被害が及んでいる。

図．5　海に面し破壊されたホテルの外観

図．6　ロビーに突っ込んだ松の木

大船渡町の砂森は低地で、多くの丸太がゴロゴロ流れ、それが鉄骨造の建物の外壁を貫通し破壊している。茶屋前岸壁の内側に木工団地があり、大量に木材がストックされていた。この木材が津波で流され後背地の建物を破壊した（図.7）。以前から、海岸沿いの木工団地は、いずれ津波が来るとストックされた木材が流木となり危険と囁かれていたそうであるが、今回の被害で、やはりそうなったという声を聞いた。

図.7　流木による被害

図.8　赤崎町の被害

赤崎町では、津波で多くの家が破壊されている（図.8）。鉄道が6~7メートルの高台にあり、防波堤を兼ねている斜面の擁壁には、流された家の残骸が上っている。津波はこの擁壁を乗り越えなかったようで、通行用の隧道があり、そこから津波が流れ、裏の住宅地が壊滅した。

　裏の住宅でかろうじて助かった三浦さんの家は、ブロック造のため家は倒れなかったが、隧道から押し寄せた津波が回り被災した。

　地震が発生したとき、神奈川に住んでいる長女から電話があり、「お母さん、津波が来る、早く逃げて！」と言ってすぐに切られたという。長女は緊急性を伝えたくてすぐに切ったのだろうが、市からの放送は「ただいま引き波がありました……」とゆっくり話していたので、緊急性を感じず貯金通帳等を探そうとした。しかし、外へ出ると津波が見え、あわてて家の２階に逃げた。三浦さんの亡くなった夫（賢吉さん）は建設会社をつくり、津波に強い家を造ろうと、コンクリートブロック造の家をこの地区に建設した。その夫の建てた家なら津波に流されないと信じたからであった。

　しかし、すぐに津波は２階まで来た。そこで、流されないようにジャンプして長押をつかんだ。すぐに泥水が押し寄せ水につかったが、しっかりと長押をつかみ息を止めて引くのを待った。この時に何かに押し上げられたような気がして、もう一方の手を上げたら、空気を感じて水面にわずか数センチのところで息をして助かったという。（図・９）。今では笑って、もう少し鼻が高かったら鼻が邪魔で息が出来ず死んでいたと語っている。2階の部屋の壁には、今でも津波の跡が生々しく残っている（図・10）。

また、水が引いたら昆布や縄が身体にからまって動けなかったという。その後、猫が二匹寄り添ってきたので、ふところに入れた。発見されたのは翌日だったが、猫を抱くことにより低体温症を免れ、精神的にも落ち着いたようだ。

三浦さんの隣家は木造のため津波で崩壊し、夫婦は擁壁の上に避難しようと夫が妻の手を引いたが、手が外れ、妻は津波に流されたという。

図. 9　指で天井の隙間を示す三浦さん

図. 10　つかまった長押（左）と津波の跡

（4）これからの津波対策

我が国で観測史上最大のマグニチュード9・0と言われ、全てが想定外の災害であった。この段階であるが、建築と都市の復興という観点から今後の津波対策を展望する。

① 堤防は絶対安全ではなく、想定外のことは発生する。

これまでは過去に経験してきた津波を参考に、大きな堤防を作ってきたが、かえってそれで安全と思ってしまう面もあった。

津波対策として、より高くて堅固な堤防が求められるが、これから求められるのは、高さばかりではなく、例えば複層的に、二重、三重にすることが求められる。そして、それでもなお、堤防は絶対安全ではなく、想定外のことは発生する、と思うことが肝要である。

また、赤崎町で隧道から津波が流れ込んだように、このような隧道にはドアを設置し、津波発生時には閉じることができるようにする、擁壁は上りやすく階段をつけ、手摺をつけることが求められる。

② 土地利用規制

バンダ・アチェ市の復興計画では、海岸から2キロメートルは非居住ゾーンとした。三陸沿岸の場合、都市域が狭いので、そのようにするには難しいであろうが、居住施設は高台にし、低地にある商業・業務施設が被災しても居住施設は守るような土地利用計画が求められる。

また、今回の災害で見られた木工団地から流された流木が被害を大きくさせたように（図-7）、流れて被害を拡大するような資材の置場を海側に計画することは見直しが必要である。

③　建築の構造規制

海側に近いエリアは、商業・業務地域として、鉄筋コンクリート造のように簡単に破壊されない建物とするべきである。そして、それを避難ビルとして外部階段を設置し、誰でも屋上に避難できるようにすることが求められる。

避難ビルについては、全ての建物がそうすることは難しいだろうが、少なくとも公共的な建物はそのようにするべきで、短い避難距離で到達できるようにするべきである。陸前高田市に見られたように市役所や消防署が破壊されるような事態は避けなければならない。

④　建築指導

大船渡市で津波の直撃を受けた砂森地区は、かつて工業団地で、区画の大きい工場や倉庫が建設されていた。しかし、ほとんどの建物が津波が押し寄せる海側に建物の長い壁を向けていた。海側には建物の長い壁ではなく、短い壁を向け、津波を受ける面積を少なくするような建築指導も必要と思われる。

⑤　ハザードマップの見直し―課題は想定外の想定

住民からは、ハザードマップでは自分の家は安全だったという声をいくつも聞いた。ここには重要な課題がある。近年、想定外ということが繰り返される中で、想定外こそが解決されるべき課題と認識されなければならない。ハザードマップは過去のデータをベースに作成されている。教訓として、過去の記録のみからではなく、想定外のことを想定することが検討課題である。今後、そのことを踏まえたハザードマップの作成が求められる。

⑥　住民の合意による復興計画

復興計画の作成は、残された住民と一緒に取組むことが求められる。住民の4分の3以上が死者・行方不明者という自治体もあるように、相当数の方が亡くなられたが、残された住民の意向を踏まえて、目指す都市の将来像を議論し復興計画を作成することが必要である。一方で、他県のように遠方に避難した方々もおり、調整には時間がかかる。また市役所が被害にあった場合、データの問題もあり、長期的な対応にならざるを得ない。

このように壊滅的な被害を受けたことは試練であるが、このような機会をとらえて、残された方々で新たな都市づくりを目指すことが必要になる。

⑦　国を挙げての復興グランドデザインの作成

今回の災害では、点々と存在している三陸海岸沿いの小さな都市が被害を受けた。それも複数県にまたがる被害である。その結果、関東大震災に次ぐ、死者・行方不明者を出した。さらに、原子力発電所も被災して被害の状況は拡散的である。このような災害に対する復興デザインの作成は、国を上げて取組み、被害の全貌の把握と共に、国としての取組を検討する必要がある。

（月刊誌「近代消防」２０１１年5月掲載原稿を加筆修正）

3　防災施設の被害の考察

東日本大震災では、防潮堤が破壊されるなど防災施設も被害を受けた。本来なら防災施設だけに、災害時に被害を受けないことが望ましい。しかし、「想定外」という表現が使われたように、東日本大震災による被害は多くの検討課題を残した。今回はそれら防災施設の被害状況を見ながら、今後の対策を考察する。

（1）防潮堤や堤防

防潮堤の役割は津波を最初に防ぐ役割を担うことである。今回の津波では、防潮堤の被害も多かった。田老町の防潮堤に見られるような、土を盛ってコンクリートで押さえた防潮堤が破壊されている（図．11）。破壊されて問題なのは、押し寄せる津波の破壊力で被害が大きくなるということと、引き波により全てが海に流されてしまうことである。その点、田老町で破壊されたのは海側の新防潮堤で、内陸側の旧防潮堤は破壊されず引き波により海に流されることは無かった。このような場合、屋根の上に避難すると助かる可能性が大きく、遺体も海に流されない。

また、自重式の防潮堤のほとんどは被害を受けている。工場製作によるブロックを、連続して設置し防潮堤を完成させる。このような自重式の防潮堤が津波により転倒した（図．12）。それぞれのブロックが隣接ブロックと固定されておらず、また基礎とも固定されておらず、被災して分離している。そのため、これは破壊ではなく、まさに転倒である。

図. 11　盛土をコンクリートで押さえた防潮堤

コンクリートの基礎の上に設置された防潮堤が津波により流された。流された跡を見ると基礎から鉄筋が引きちぎられた形跡があった。しかし、この鉄筋の数はしっかりと固定させるという状況ではない。

一方で、堤防の場合、厚さが薄くても残されているものもある。宮古市役所のそばに造られている堤防は鉄筋コンクリート造のものである。堤防は、閉伊川の川岸に造られている。津波は港から河口へ流れ込み、堤防を越えて市街地へ入り、船も数隻流された。(図.13)。

しかし、この堤防は破壊されなかった。構造は鉄筋コンクリート造で一体的に建設され、自

図. 12　自重式の防潮堤

図. 13　船は堤防を越えた

重式のブロックを設置したものとは異なり、基礎もしっかり造られているのだろう。

以上に見てきたように、自重式は大きく堅牢そうであるが、その構造から転倒しやすいことが今回の津波で明らかになった。これも想定外の津波であったからであり、そして、見かけは薄く強そうに見えないが、鉄筋コンクリート造の堤防は有効であった。

これからは、自重式の設置型の防潮堤を津波に有効に働くように検討することが必要になる。その時に隣接ブロック及び基礎との固定が課題となろう。

普代村では、かつての村長が反対を押し切って15メートルの高さの防潮堤を建設し、今回の津波では１人の死者も出さなかったとして称賛を浴びた。

防潮堤の場合、高さも大切であるが、１人の死者も出さないようにするには、防潮堤の構造も問題になり場所によっては予算が膨大になることが予想される。

そのため、避難時間を稼ぐこと、そしてある程度の高さの津波を防ぐことが現実的な選択となる可能性が大きい。その時に、求められるのは、破壊されず転倒しない防潮堤である。

さらに、杭のある建築と違って砂利地業の上に置いている構造もある。そのような場合、砂利地業を残し横転している。このような構造に根本的な解決があると思われ、建築と同様に杭を使うことも検討課題となるだろう。

（2）防潮林

防潮堤と同じように、防潮林も津波を最初に防ぐ役割を担っている。今回の津波では防潮林の被害も話題になった。それは高田松原が被災したからである。

高田松原は国の名勝に指定されている防潮林である。江戸時代から防潮林として松を植林し、東日本大震災前には7万本の松林となり陸中海岸国立公園内の有数の景勝地であった。しかし、今回の巨大津波でほとんどの松がなぎ倒され、1本の松のみが残った（図．14）。この松は奇跡の松として復興の象徴になっている。

しかし、なぎ倒された松は、津波に流され流木となり、海沿いのホテルのロビーに突っ込んだように建物等に被害を与えた（図．15）。市街地に松の木が散乱している様子を見ると、流木による人的被害が多かったこともうかがえる。防災のために植林した松であるが、凶器へと変貌したのである。

スマトラ島沖地震・インド洋津波では、最大の被災地バン

図. 14　一本のみ残った高田松原

ダ・アチェ市でも同様の被害があった。海岸線に植林した防潮林のヤシの木はなぎ倒され流木となった。そのため、その後の復興計画では、防潮林をとらえ直し、防潮林は二段構えにすることにした。海岸線ではヤシの植林は止める。そして、津波の水勢を和らげるために根の強いマングローブを海岸線に植林することにした。ヤシの木は津波の勢いが弱まる内陸に植林するようにした。

そもそも防潮林はコンクリートの無い時代に、樹木を使って津波を和らげようとしたものである。それが、海岸線の景観を美しく創造し景勝地として愛されてきた。そしてコンクリートの時代になっても無機的なコンクリートの防潮堤と違って美しい景観を保ち、名勝として指定されるまでになった。

このような防潮林であるが、津波がある一定の規模までは防潮林も機能し美しい景観を保持しているが、ある一定の規模を超える津波の場合、防潮林は凶器へと変貌するということを理解しておかなければならない。

図. 15　ホテルのロビーに突っ込んだ松

（3）耐火建築

津波の被害にもかかわらず、耐火建築というのは、筋違いと考えてしまいがちである。しかし、ここに大きな落とし穴があった。

テレビで気仙沼市の火災の映像を見た時、しかもそれが広範囲に及んでいる状況であったことに驚いた。海の上で火災が発生しているのであった。

二次災害としての火災の発生は巨大地震にはつきものである。しかし、沿岸地域では地震発生後、二次災害の火災は発生するかもしれないが、その後に来る津波が火災を消してくれると思われたからである。

テレビでは、石油タンクから漏れた油が流れ、それに何らかの原因で着火した、また流された船にあった油が流れ、同様に着火したと説明された。

後日、報告を聞くと、焼け跡が10ヘクタール以上の地区が数か所あったという。これは阪神・淡路大震災の火災の規模を超えている。阪神・淡路大震災では、長田区の火災が良く知られており、木造老朽住宅が多く燃えやすく、そして幅員が4メートル未満の狭隘道路が多く消防ポンプ車が入れないという密集地区だった。そのため、地震発生時に、二次災害としての火災が発生すると、延焼し大規模な火災になる危険性が指摘されていた。つまり、大火災になる危険性は予測され、周知されていたのである。

しかし、津波浸水区域では、火災発生が予測されず周知されていなかった。振り返って見ると、石油タンク等の危険物は海岸沿いにあり、油を積んだ船は港に係留している。つまり、海岸沿いには以前から火災に危険な油が多かったということである。そのように考えてみるならば、今回の津波がもたらした二次災害の火災は、当然発生するべきものであったといえよう。

津波型火災と言われた東日本大震災では、木造住宅は燃え、鉄骨造の倉庫や工場は耐火被覆をしていないため、鉄骨は曲がり、すぐにでも倒れそうである（図．16）。そして延焼が広がり広いエリアが火災になった。焼け跡を見ていると、耐火建築は見当たらない。これでは大火災になるのは当然である。この火災に大勢の方々が巻き込まれたことを想像すると、慙愧に堪えない。残されたものは燃えない金属のみで、自動車もタイヤなどは焼け金属しか残っていない。建物の鉄骨が

図．16　曲がって倒れそうな鉄骨

曲がっている様子を見ていると、遺体捜索というレベルではないのだろう。

大槌町でも広範囲に火災になった。火災は、大槌小学校にも迫ったが、大槌小学校は鉄筋コンクリート造の耐火構造であり、一部黒こげになったとはいえ燃え崩れることはなかった。このような港湾地域では、一部準防火地域にしてされているところはあるが、防火地域にはほとんど指定されていない。

被災した石油タンクや船から流れた油が、津波とともに住宅地にも流れる可能性があり、何らかの原因でそれらの油に着火することを考えると、津波浸水区域の建築は、耐震建築ばかりではなく、耐火建築にもするべきである。

(4) 耐波建築

ここで、津波対策の建築という観点から今回の建物被害を考察してみたい。

建物構造には3種類あり、木造、鉄骨造そして鉄筋コンクリート造の3種類の構造である。

木造建築の場合、ほとんどの木造住宅が流されたように、対津波建築という観点からはほど遠いところに位置している。鉄筋コンクリートによる基礎はしっかりと残されているが、土台や床組から上の上屋部分が津波により流されている。もちろん、奥まったところなど、津波の勢力が弱まったところでは形をとどめている木造住宅はあるが、津波に対しては一般的には問題である。

鉄骨造建築の場合も被害が大きい。外壁は剥され、鉄骨がむき出しになるケースがほとんどである（図.17）。そして、鉄筋コンクリートによる基礎を残して横転し、また逆さになっている建物もある。外壁を止めている金具や基礎と鉄骨の柱を緊結するアンカーボルトが同様に耐力的に持たないからである。そして、１階の柱のみを残して全て流されてしまった鉄骨造の建物もある。また、南三陸町の防災対策庁舎も鉄骨造であり、鉄骨がむき出しの姿になった。

対象的に、鉄筋コンクリート造の建物は、ガラスが割れ内部浸水はあるが、外形は保たれているものが多い。もちろん２階建て程度で傾いている建物はあるが、ある程度の高さのものは外形は保たれている。特に、陸前高田市にある海岸沿いのホテル（図.18）や南三陸町の波打ち際にある４階建て

図. 17　鉄骨造建築の被害

の町営住宅（図.19）は外形が維持されている。

鉄筋コンクリート造により、柱・梁の構造体と外壁が一体となっているからである。さらに、杭により建物は一体化しているからであろう。そして最も重要なことは、鉄筋コンクリート造の場合、重量が重いからである。

以上のように考えてみると、津波対策の建築としては、鉄筋コンクリート造が有効である。鉄骨造のように、外壁が剝されてしまうと、建物内部にいる人や物品が流されてしまう。生命と財産の保護という観点からは、鉄筋コンクリート造のほうが良いであろう。

図.18　海岸沿いのホテル

図.19　4階建ての町営住宅

我が国は地震が多く、耐震建築という呼び名が定着しており、同様に火災対策として耐火建築や防火建築という呼び名が定着している。

ここで、新たな建築として、低地の津波浸水区域においては、耐震、耐火に加えて、津波対策として、耐波建築という制限を設けてはどうだろうか。現行の鉄筋コンクリート造の基準を津波対策という観点から見直し、新たな耐波建築で、津波に強いまちづくりを創造したい。

(5) 人工の丘エスケープ・ヒル

津波が来たら高台へ逃げるのは津波対策としてあたりまえのことである。

リアス式海岸の小さな市町村では、海と同様山が近く、津波の時に、住民は山に向かって避難をした。そして、田老町のように、高台に向けて道路を直線状に整備してきたところもある。それは夜間に津波が発生した時に、暗闇の中でもひたすらまっすぐ走ると高台に着くという意図である。

避難という観点から見ると、津波発生時にリアス式海岸は高台が近く、避難時間が短くて済む。そして、今回の津波でも、高台にある社寺の境内には多くの避難者が集まった。

しかし、リアス式海岸でも必ずしもそうでないところもある。平場が広い大船渡市や気仙沼市のようなところである。ここの市街地では避難時間が短いとはいえない。

　一方でリアス式海岸ではない石巻市のように平坦な市街地では高台が遠くビルの屋上以外に逃げ場がない。そのため鉄筋コンクリート造の避難ビルを建設するべきといっても、鉄骨造の工場が多いところでは鉄筋コンクリート造で工場を建設し避難ビルとするのは難しいことである。

　市街地の場合、津波対策として外にいる方々が避難しやすいように、誰でも屋上に避難することのできるビルとして、避難ビルの建設あるいは避難ビルを指定する提案がある。だが、民間の場合、そのような要求に合わせることは簡単ではない。

　そして仙台市の若林区のように平坦な農地が続く場合は避難するビルも無く、避難場所は自宅の屋根以外にない。

　そのように、近くに高台もなく、避難ビル建設も難しい場合、瓦礫を使い、高台として人工の丘をつくり避難場所としたい。このような人工の丘をここではエスケープ・ヒルと呼ぶ。標高は20メートル以上を基本にする。

　エスケープ・ヒルはそこにオープン・スペースがあることを条件に、公園や公共施設が設置されるものとする。特に、現在ある公園を高台化するならば、権利関係の調整もなく、造成しやすいであろう。

そして、バリアフリーにして登りやすくするために、スロープでアプローチし、丘を適切に配置して、避難上、安全な地域を創造する。

今回の広い平坦な被災地をみても、なかなかそのような高台がない。その中で、石巻市の場合は海から奥まった場所で北上川沿いに日和山公園がある。ここはかつて葛西氏の城があったところで、その後、公共施設や神社ができた（図・20）。日和山公園に行ってみると、助かった被災者や地方から来た方々が被災地を見学に多く集まっていた。この近くに住んでいた方々は、眼下に広がる被災地の光景を見て、この高台のおかげで助かったという事を心に深く感じていることだろう。

津波浸水区域の有効な防災施設として防潮堤があるが、防潮堤と同様、エスケープ・ヒルも有効な防災施設として位置づけるべきである。例えば、避難時間が30分以内になるようにエスケープ・ヒルを配置し、避難上安全な地域を創造する、というように基準を定めることが課題である。

図. 20　日和山公園

目的は避難用であるが、ネーミングは別に考えても良いだろう。

(6) 避難所

東日本大震災では多くの避難所が被災した。生きるために避難したのに被災したのでは救われない。避難所が被災し問題になる場合、地震ではなく水害の場合が多い。それは、そもそもの立地が問題とされているからである。例えば、低地の建物が避難所に指定されていたために水害を受けたというケースで、集中豪雨の時には一旦避難所に避難したが浸水し、別の避難所に避難したという話をときどき耳にする。今回も、多くの避難所が津波により破壊された。

例えば、陸前高田市の市街地のほぼ中央には、避難所に指定されている市民体育館があり、津波警報を聞き当初80人程度の人が避難した。しかし、市街地の中央は低地であり津波が押し寄せた。体育館の中に濁流が流れ込み、海と反対側の壁を破壊し突き抜けた。避難していた方々は津波と共に流され、生存者は3名と言われている。濁流とともに体育館に流れ込んだ自動車が残っているが、その姿がその激しさを物語っている。低地にもかかわらず避難所に指定したことが悲劇になったケースである(図・21)。

また大槌町では、市街地の火災が小高い丘に建設されている大槌小学校まで襲い、火災は最上階の4階まで達した。しかし、この小学校は避難所ではなく、もう少し後背地の公民館が避難所に指定されていた。もし小学校が避難所であれば、津波から避難して来た後、火災の延焼により、またこの避難所から別のところへ避難しなければならなくなっただろう。

低地の津波浸水区域に避難所を指定することは見直されなければならず、また、木造密集市街地のように、延焼のおそれがある地域での避難所の指定も見直さなければならない。

（月刊誌「近代消防」２０１１年8月掲載原稿を加筆修正）

図. 21　被災した避難所の体育館

4　中心施設の被害

津波により殆どの市街地が被災し、市役所等の行政の施設が被災した自治体の被害は甚大で、行政の施設が使えず機能が麻痺し、復旧・復興作業に支障をきたすことになった。今回の津波では、改めて市役所とか防災機関の行政の施設が平場の低地に立地することのリスクの大きさを知らされた。

(1) 市役所

例えば、陸前高田市では、市街地の中心に位置していた市役所が被災し機能不全に陥った（図.22）。市役所周辺も被災したため、被災地は市役所の残骸が残された廃墟となっている。市役所機能を復旧させるため、高台にある給食センターの近くに、仮設建築物を建設し市役所として使い、業務を行っ

図. 22　被災した陸前高田市役所

ている（図．23）。

大槌町では町役場が被災し、町役場で町長が亡くなったことが報道された町である。町長ばかりではなく、課長職は全員行方不明となった（図．24）。

地震発生後、町長を初め町の幹部職員が災害対策本部を立ち上げようと、庁舎の2階に集結。その後津波の予報があり、一部の職員は屋上に避難したが、町長以下の数十人の職員は建物の1、2階を襲った津波の被害を受け行方不明になった。

町長の遺体が確認されたのは3月19日であった。町長の後は、東梅副町長が継いで災害対策の指揮をとっていたが、副町長職の任期満了となるのは6月20日であったため、平野総務課長

図．23　仮設市役所

図．24　被災した大槌町役場

が町長の職務代行を引き継いだ。これは、今回の震災で課長クラスが全員行方不明になったため、主任から昇格して後任についた。これは、地方自治法152条第3項の措置である。そして町長選挙は8月28日に決まった。それまで首長不在の日々は続くことになった。

町役場が被災したことは、単に建物の被害にとどまらず、行政組織までをも崩壊させることになった。このような事態を決して繰り返してはならない。

(2) 防災機関

また市役所と同様に防災機関も被災した。

陸前高田市の場合、市役所の近くに設置された消防署も津波の被害にあった(図・25)。消防署という本来は災害時に機能しなければならなかった防災機関が、いざという時に機能できなかったのである。

南三陸町の防災対策庁舎も被災した(図・26、27)。市街地の中心部にある防災対策庁舎に残り、最後まで町民

図. 25　陸前高田市消防本部庁舎(消防署と一体)

に避難を呼びかける放送を続けた女性職員の話は感動的であった。しかし、津波は防災対策庁舎の屋上をも飲み込んだ。そのため、ギリギリまで頑張り、屋上に避難しても助かる見込みは無かった。

防災対策庁舎ゆえに、堅牢な建物にしようと鉄骨造3階建てで建設されたようだが、今回の津波は高さが高く、3階建ての屋上をもってしても助からなかった。そして、鉄骨造のため外壁は剝され、悲惨な姿をさらしている。

図. 26　南三陸町防災対策庁舎

図. 27　南三陸町防災対策庁舎

今回の避難の放送をした女性職員の悲劇を教訓に、現在の位置に防災対策庁舎を再建しようとするならば、屋上に避難することが可能なように、建物を合同化させ大規模化させて、5階建以上の鉄筋コンクリート造とすることが望まれよう。しかし、このような中心施設をもう少し内陸の高台に移転することも検討課題であろう。

このように、平場の低地は便利さから施設が集中し、それが経済活動の中心として中心市街地を形成し、街の賑わいを生み活性化させてきた。そしてそのようなところに行政の施設を集め、まちの中心部を創造してきた。そのような街は便利で住民も良しとして平場に住むようになってきた。

しかし、今回の津波で、このようなまちづくりは見直す必要があるということを知ることになった。

津波は必ずやってくる。そのことを基本に街をつくり変えなければならない。行政は、津波が来るような時にこそ、被災することなく、避難活動や復旧・復興活動に十分に機能し、住民を導かなければならない。そのためには、行政機関は被災しないように、高台や以前より内陸に移転する必要がある。

しかし、これは簡単なことではない。

スマトラ島沖地震・インド洋津波において、津波前約26万人の人口で、約7万3千人の死者・行方不明者を出した最大の被災地バンダ・アチェ市では、海岸から2キロメートルまではほとんどのものが流されてしまった。そして海岸から約2・5キロメートルのところに、市の中心部があった。そこは商業など経済活動の中心で交通の要所ともなっており、イスラム教のグランド・モスクもあり、精神的な中心でもあった。しかし、津波はその中心部まで押し寄せた。

被害の大きさから復興マスタープランにおいては、道路を造り変え新たな道路網を計画し、街の中心部を更に約1キロメートル内陸に移転させることにした。そこに行政の機関を移転させ、周辺には新たな住宅地を整備することにした。中心部を内部に1キロメートル移転すると、新たな中心部は市の境界に近くなり、計画では住宅地は隣接の市にもまたがることになった。そして、かつての中心部は歴史的保存地区とした。

そのように都市構造を変えるようなマスタープランを策定した。そして、マスタープランの完成は、30年後と設定した。

開発途上国ゆえに、また人口規模が大きい自治体ゆえに、そのように長期間がかかるかも知れないが、このように都市構造の大胆な変革が求められている市町村もあるのではないだろうか。

復興をあせることとはない。安全なまちづくりのため、これまでのまちづくりを根本的に見直すことが必要である。

(3) 道路と鉄道

東日本大震災では、道路や鉄道のインフラも大きな被害を受けた。他の被害でもそうであるが、原子力発電所の被災が前面に報道されているため、その陰に隠れて目立たないが、このようなインフラの被害は交通機関の麻痺という形で表れ、救急救助及び復旧活動にも影響を与えた。

一方で、道路とか鉄道というインフラは、復旧方法によっては防災機能を持たせるには十分な施設である。ここではそのことについて述べたい。

① 道路

地震後、道路が通行止めになった。地震により道路は波うち、段差が出来たからである。そして橋が落橋した(図.28)。そして、海岸沿いを走る道路の多くは、津波により被害を

図.28 落橋の様子

受け舗装部分に亀裂が入り引き波で流されるなど（図．29）、通れなくなった。

そのため、他の道路を迂回する期間が長く続いた。

一方で、海沿いではなく、内陸を走っている道路で、嵩上げされている仙台の道路などは、被害をうけず防潮堤のように津波被害を食い止めた。

今回見られたこのような結果から、海岸沿いの道路や市街地の中心や農地の中心を走る道路については、嵩上げして防潮堤としての機能を持たせ、内陸に被害を及ばないようにすることが効果的である。

そのようにして見ると、国道45号は、標高の高いところを走っている部分もあるが、海岸沿いでは被害を受けた部分もある。そのため、復興に当たっては、海岸沿いや市街地の中心の低地を走る部分においては、国の方針として嵩上げし、防潮堤の機能を持たせることを提案したい。

図. 29　海岸沿いの道路

② 鉄道

東北新幹線も被害を受け、運転再開までは時間がかかった。新幹線の被害を振り返ると、阪神・淡路大震災では高架の鉄道が破壊され鉄道を支える高架の構造の問題が大きく取り上げられた。そして全国的に見直しが実施された。そして新潟県中越地震では脱線の被害があり、今回はそれに次ぐ被害であった。新幹線は日本列島の重要なインフラであり、新幹線が止まることによる我が国の経済活動に与える影響は大きい。

そして、新幹線ほど大きく取り上げられないが、ローカルな鉄道も被災した。ここでは特に、三陸海岸沿いを走る三陸縦貫線に焦点を当てたい。

三陸縦貫線は、車窓からリアス式海岸の景観を楽しむことができることで評判の鉄道である。三陸縦貫線は北から、JR八戸線（八戸～久慈）、三陸鉄道北リアス線（久慈～宮古）、JR山田線（宮古～釜石）、三陸鉄道南リアス線（釜石～大船渡盛駅）、JR大船渡線（大船渡盛駅～気仙沼）、JR気仙沼線（気仙沼～石巻前谷地駅）の6線で構成されている。ここで、三陸鉄道北リアス線と南リアス線は、JRではなく、第3セクターによる三陸鉄道㈱が経営している鉄道である。

この三陸縦貫線は、リアス式海岸に代表される陸中海岸国立公園の景観を楽しめる路線である。トンネルが多く、トンネルを抜けると美しいリアス式海岸が開ける。このようなシーンが何度も繰り返される魅力的な景観であり、車窓からの景観としては世界中でも有数のものと評価する人もおり、三陸地域にとっては貴重な資源である。

これらの鉄道が、3月11日に全て不通になった。

津波により線路が横に流される（図.30）、線路上に様々なものが流される、高架が破壊されるなどの被害を受け（図.31）、また陸中山田駅や大槌駅などのように被害を受けた

図. 30　流された線路

図. 31　高架の被害

駅もあった。美しい景観を鑑賞するために海岸の間際を走っている場所も多く、引き波で線路が180度反転しているところもあった(図.32、33)。

今回の津波はこれまでの路線建設の在り方を見直す機会になった。美しい景観や最短距離を求めて海岸沿いにルートが決められているのだろうが、今回突きつけられた現実は、その分危険性が大きいということである。もちろんこれは、わかっていたことであろうが。

これからは、現在の方法を見直し、ルート変更や嵩上げ、あるいは枕木の固定や津波の直

図.32　線路の被害

図.33　線路の被害

撃を受けない工夫などが求められよう。そして嵩上げする場合は道路と同様に防潮堤としての機能を持たせることが検討課題である。今後の復活を願いたい。

（4）慰霊

東日本大震災では、宗教団体が慰霊しているところや、生存した方々を癒しているところを見た。これは、これまでの震災でもあったが目立たなかった活動で、あまり報道されてこなかった。また、災害対策活動に明確に位置付けられてはいなかったが大切な活動である。

従来の被災地への支援は、食糧や生活必需品等の物的な支援、それに加えてボランティア活動による人的な支援が中心であった。しかし、これからは、魂の救済ともいうべき支援活動が明確に位置付けられることが求められる。

今回の被災地でよく見られたのが、遺体安置所における宗教者による弔いである（図．34）。津波により不幸にも亡く

図．34　遺体安置所での弔い

なられた身元不明の方々に弔いをして成仏して欲しい、それが宗教者の切実な願いであり、また、遺体安置所を管理する側の願いでもある。

そのような遺体安置所での弔いとともに屋外での弔いがある。これは形式化した弔いではなく、宗教者が被災地を歩いている時に行われる弔いである（図．35）。

慰霊は亡くなられた方々にとっても生きている方々にとっても大切なことである。妻を握っていた手が離れ、目の前で妻が津波に飲み込まれた、どうすることも出来なかったという思いに苦しみ語りかける夫もいる。このように苦しんでいる方々に語りかけ、苦しみから救い解放する。このようなことに果たす宗教の役割は大きい。

図. 35　屋外での弔い

歩いている宗教者に、親族や縁者を亡くした方々が、「この場所で家族を亡くした。弔いをしてあげることが出来なかったので弔いをして欲しい。」と声をかけてくる。特に仏教の場合、法衣を着ているのですぐ呼び止められる。そのような場合、求めに応じて亡くなった場所で弔いをしている。このような弔いは生き残された方々にとっても、一つの区切りとしてやっと弔いをしてあげることが出来たというように救われた思いになる。

また、宗教者が被災地の良く見える場所に立ち、祈りをしている光景もよく見られた（図．36）。

今回、遺体安置所は寺院と体育館が多かった。寺院の場合、そのお寺で弔いをするため、被災地を訪れる宗教家はお寺以外の体育館などを巡っている。今回は、長野の善光寺でも有志が試みとして行い、また他の宗派でも青年会が中心となって行ったとのことを聞いた。

このように、死者と生きている方々の魂の救済支援活動がこれからの災害には必要となる。今後は、災害対策活動に必要な活動として位置付けられることを望むものである。

宗派を超えて、魂の救済活動を展開されることが期待される。

図．36　田老町の「万里の長城」から

（5）災害メモリー

我が国は災害の多い国であるが、津波の高さを示す塚や石碑は造ってきたが、災害の状況を教訓として後世に伝えることをしてこなかった経緯がある。海外の例を見るならば、中国の唐山地震（1976年）では、建物のみならず被災地そのものを教訓として残している（図.37）。中国は土地が広くて社会主義国だから残せた、日本では無理と思ってしまうところである。

またレイテ島地滑り（2006年）では、土砂に埋没し大勢亡くなった村を聖地とした（図.38）。

しかし、我が国でも、近年、災害を後世に伝えようと、少しずつ建物被害などの被災現場を残す努力をするようになってき

図.37　唐山地震（河北理工大学旧図書館）

図.38　レイテ島地滑り

た。有珠山の噴火における建物被害や、最近でいえば、新潟県中越地震における旧山古志村の水没した集落が残されている。そのようにして残されたところが公開されている。

今回の津波の被災地も、後世に伝えたいと思う。しかし、残すという観点で見ると、民間の建物や施設は難しい。かといって公共的な施設も残すだけの余裕が無いかも知れない。

まだ、被災者対応のためそこまで考えられない状況でもあるが、被災地の解体撤去作業は急がれており着々と進んでいる。災害のメモリーとして被災建物や被災地を残すことを、今のうちから検討しなければならない。そして、国もこの保存プログラムの重要性をアピールして欲しい。

ここでは、津波の教訓として残せる可能性のあるものを挙げてみる。そして、今回の震災の現場が少しといえども保存されて後世に残り、世界中の方々が見に来て、語り継がれることを希望したい。

【残せる可能性のあるもの】

①　津波の高さがわかるもの

図. 39　津波の高さ

船が乗った家や浸水高さのわかる家、津波の高さのわかる樹木など（図・39）。

②海沿いの鉄道の被害
津波の影響を受けた線路などを部分的にでも（図・40）。

③破壊、転倒した防潮堤
津波の強さがわかるように、転倒した防潮堤など（図・41）。

④陸に乗り上げた船
津波の影響で奥まで乗り上げた船を資料館にする（図・42）。

⑤低地で被害を受けた工場
津波の被害を直接受けた工場や火災になった工場など（図・43）。

⑥原子力発電所の被害
廃炉になった原子炉など。

図. 40　鉄道の被害

図. 41　防潮堤

⑦　被災した地域

被災した一団のエリアを残す。各自治体で１箇所ずつ残すならば、点は線としてつながり今回の三陸沿岸の津波災害の全貌がイメージできる。

日本は災害の多い国である。被害状況を保存している日本中の地域がネットワークを構築し、世界中の方々に災害の怖さを見に来て知っていただくことを世界に訴えたい。

（月刊誌「近代消防」２０１１年10月掲載原稿を加筆修正）

図. 42　陸に乗り上げた船

図. 43　被害を受けた建物

5　各地の被害

平成23年3月11日に発生した東北地方太平洋沖地震は三陸海岸と仙台方面に尽大な被害をもたらした。今回は、3月19日以来、被災地に数回訪れた中から多少重複するところもあると思うがいくつかの地域について被害状況を報告する。

（1）大船渡市「被災地の安全確保を」

大船渡市では、昭和55年には人口が5万人を超えていたが、その後徐々に減少し、平成23年1月1日現在、約4万1、０００人である。大船渡湾は東に向いているが、途中で北向きに曲がり、大船渡港を囲んで南北に市街地が発展している。

震災後、4月28日現在、死者・行方不明者数は４５５人で、建物の全壊・半壊戸数は3、６２９戸である。

大船渡市では、津波により中心部の大船渡地区が大きな被害を受けた。特に国道45号より海側の低い部分の被害が大きい（図・44）。

港の中心部である、砂町地区は、かつては工業団地として開発された地区であるが、その後、茶屋前岸壁の近くに木工団地ができた。

木工団地ができた時、周辺の方々は、木工団地は津波の時、ストックされた木材が流木となり他に被害を及ぼすので危険と語り合ったそうである。今回、津波により流された流木が他の建物の外壁を破壊し突っ込んだ（図. 45）。そのため住民間では、やはり予想通りになったという話が聞かれた。

また、この地区の建物は、長辺を海に向けて建設されている。これは津波の直撃を受けやすい面を海に向けていることになる。津波の被害を減少させようというなら、建物の短辺を海側に向けるようにすることも検討課題であろう。

そして、海沿いの赤崎地区の太平洋セメントも被災した。

図. 44　被災した中心部

赤崎地区の住宅地では、明治以後の津波で、被害の最も大きかったのはチリ地震津波であった。しかし、今回の津波はチリ地震津波の時より内陸に奥深く津波が襲った。そして、木造の多くの家が流された。奥に住んでいた方からは、チリ地震津波の時に津波がきていないため、我が家はハザードマップでは被害が想定されておらず安全だったという声もあった。このようなことを踏まえ、これからは想定外を想定することが課題になる。

綾里地区では防潮堤が転倒し後背地に被害をもたらした。ブロック設置による自重型の防潮堤は基礎との緊結が不十分であり、また隣接のブロックとの連結がなされておらず、これらの点が検討課題となろう。

復興の大きな課題は、国道45号より低い海側の住宅地の安全性の確保である。そのためには、高台移転や、人工地盤による高台をつくり住宅地を守ることも検討課題となろう。

図. 45　流木の被害

大船渡市役所は、高台にあり被災しなかった。そして、市長の決断により復興へ向けての歩みは早い。

（2）陸前高田市「都市構造の変革が急務」

陸前高田市は、昭和45年には3万人を有する人口であったが、徐々に減少し、平成23年1月1日現在、約2万3，０００人である。市街地は広田湾に面し、両側が山に囲まれた平野の比較的広い地域である。そして、国の名勝高田松原を海側に持ち奥に市街地が発展している。

震災後、５月１日現在、死者・行方不明者数１，７９７人、建物被害は、全壊・大規模半壊・半壊で３，８１６戸である。

震災の発生時、テレビでは、陸前高田市の市街地がすっかり流された映像が放映された。行ってみると、市街地は平坦で、ほとんどの建物が破壊され流されている（図・46）。山の近くに一部廃材が吹きだまりのように集まっているところもあるが、それ以外はほとんど流され、木造建築はコンクリートの基礎と土台のみが残され平坦な土地になっている。

鉄骨造の建物はほとんどの外壁が剥がされ、そして傾いているものも多い（図・47）。それに比べて鉄筋コンクリート

図. 46　陸前高田市の被害状況

造の建物を見ると、ガラスは割れ室内に浸水はしているが、外観を見る限り大丈夫そうである。

特に海辺にあるホテルのガラスは割れているがしっかりと建っている。杭が建物と一体となっているからであろう。しかし、海に面したロビーには、松の木がガラスを破り突っ込んでいる。

高田松原は、江戸時代から防潮林として松の木が植えられてきた。その防潮林が津波により根こそぎなぎ倒された。そして、ホテルのロビーにも貫入した。防災のために植えられた松の木が凶器になっている。そして海沿いの国道45号も津波の被害を受け一部崩壊し海に流されている。

高田松原の松は7万本あったが、奇跡的に1本のみが残され、今では復興の象徴のようになっている。

また、避難所に指定されている市民体育館が市街地の中心にあった。そして、地震が発生した時、そこには約80人の方々が避難してきた。しかし、その後津波が直撃し避難者を襲った。

図. 47　流された鉄骨造の建物

その結果、生存者はわずか３名のみだったという。体育館の中には自動車も流れ込んでおり、その激しさを物語っている。平地における避難所は検討し直されなければならない。

復興には、大幅な都市構造の変革が必要であろう。例えば、大きな防潮堤をつくるか、国道45号を高くして防潮堤の機能も持たせることも検討課題であろう。そして、海側の土地は養殖場にするなどして、市街地を内陸側に移動させること等が検討課題と思われる。

陸前高田市では市街地の中心に市役所があり被災した。そのため、現在は給食センターや仮設建物に市役所機能を移転させ対応している。

（3）気仙沼市「広い地区が焼け野原に」

気仙沼市は、昭和50年～60年頃には人口が９万人以上あったが、徐々に減少し、平成23年1月1日現在、約7万3，000人である。そして、宮城県北部の気仙沼湾に面し、岩手県陸前高田市の南に隣接している都市である。震災後、５月10日現在、死者・行方不明者数1，537人である。

気仙沼市では、気仙沼湾周辺が被害にあった。津波の被害で多くの建物が破壊され流された。それとともに、テレビでは火災の映像が放映された。津波という水害でありながら、海面上で火災が発生している映像には驚かされた。

地震により石油タンクが被災し漏れた油や、流された船から漏れた油に、何らかの原因で引火したと推測されている（図．48）。それが延焼火災になり広い地域が火災になった。

気仙沼湾内の西側埠頭エリアの脇地区、湾奥の市街地である鹿折地区が焼け野原となり、また湾内東岸の大浦地区では集落と山林が火災になった。焼け野原になった市街地に立って、阪神・淡路大震災における神戸市の長田区を思い出した。長田区は木造老朽住宅の多い密集市街地であり、地震発生前から二次災害として災害発生のおそれがあるため危険とされていた。

今回は、津波で港湾地区が火災になることは予測されていなかった。長田区とは大火災になった経緯は異なるが、一面火災の跡で、まだ多少臭いも残っていて生々しい。

焼け跡の建物を見ると、石油缶のようなものが多数転がっているものもあり不安も覚えた。そして、鉄骨の柱・

図. 48　流された石油タンク

梁は曲がり、かろうじて建っているが、余震で今にも崩れそうである。変形した鉄骨が弱々しく残り、黒く焦げた建物からは津波の二次災害の恐ろしさを知らされた。

流され火災になった車もいたるところにあるが、タイヤは焼け、残されているのは熱で変形した金属のみである（図．49）。

また、鉄道の被害も大きい。リアス式海岸の景観を鑑賞するために、気仙沼鉄道が海岸沿いに敷設されているところでは、津波の直撃を受け線路が外れ曲がってしまうものも多く、また、引き波により線路が１８０度回転し裏返しになったところもある。幸いにも津波の時に電車は走っていなかったようであるが、電車が走っていた時に津波が来たら被害は相当大きかっただろう。

復興には、住宅を守ること、また、業務・商業施設は耐火造にすることも検討課題であろう。そして、リアス式海岸の景観を鑑賞するために、海岸沿いの鉄道の安全性を高めることが課題であろう。

図. 49　焼野原となった状況

（4）宮古市「堤防越え流された漁船」

宮古市は、昭和45年には人口が9万人近くあったが、徐々に減少し、平成23年3月1日現在、約5万9、000人である。宮古市には陸中海岸国立公園の中でも最も美しいとされる景勝地浄土ヶ浜があり、本州では最東端といわれる魹ヶ崎がある。また津波では全国的にも知られている田老町がある。

震災後、5月10日現在、死者・行方不明者数766人、建物被害は、全壊・半壊で4、675戸である。

宮古市でも被害は広範囲に及んだ。ここでは同じ宮古市でも田老町は次の項で取り上げることとし、それ以外の地区の被害状況を報告する。

宮古市の場合、テレビでは、津波により漁船が堤防を越える映像が放映された。堤防は鉄筋コンクリート造であり破壊されなかったが、漁船は堤防を越え、前方にある高速道路の橋脚に追突し止まった。またこの漁船以外にもこの堤防を越えた漁船はあった。

図. 50　宮古市役所の被害状況

この堤防は、宮古湾に注ぐ閉伊川の川沿いの堤防で市役所の近くにある。そして、市役所前広場にも堤防を乗り越えてきた漁船が流れ着いた。この漁船は今では撤去されたが、しばらくの間津波の象徴となり、写真撮影をする方が多かった（図．50）。当然、市役所の１、２階は津波により被災した。

また少し北に行くと宮古港に面して鍬が崎地区がある。ここの地区の被害も甚大であり、海沿いの木造の建物は流されている。漁港のため、町中に漁船が数隻に乗り上げている（図．51）。

浄土ヶ浜は、海の浸食作用により出来た大きな岩が海面から林立し並んでいる景観が美しい。その名前は、天和年間（１６８１年～１６８４年）に曹洞宗に属する宮古山常安寺七世霊鏡竜湖が「さながら極楽浄土のごとし」と感嘆したことから付けられたという説が一般に広く知られている。

この景観の主役の岩は被害を受けていないが、被災後、浜は廃材であふれ道路がデコボコになったところである。

図．51　鍬が崎の被害状況

また、鉄筋コンクリート造のレストハウスも被災した。鉄筋コンクリート造だったので、柱と梁は大丈夫のようであるが、壁と天井の内装が被害を受けた。

浄土ヶ浜の廃材はある程度片付き、道路も通れるように補修したが、風評被害もあり観光地としての復興はまだ先になりそうである。

市街地の復興には、混在する用途の中で、住宅を優先的に復興させることであろう。

（5）田老町「万里の長城：防潮堤の安全神話崩壊」

田老町は、下閉伊郡の町であったが、昭和17年に新里村とともに宮古市に合併した町である。田老町には、万里の長城と呼ばれる防潮堤があり、津波では全国的に有名な町である。

明治29年には14・6メートルの高さの明治三陸地震津波が町を襲い1、859人が死者・行方不明者となった。また昭和8年の昭和三陸地震津波は10メートルの高さで死者・行方不明者911人を出した。この数は合併した後の宮古市の今回の被害の数より多い。

これらの津波による教訓から、田老町では、昭和9年に万里の長城と言われる高さ10メートルの防潮堤の建設工事に着工した。第一期工事は昭和33年に完成した。そして、二期（1962年～1965年度）、三期（1973年～1978年度）と工事が進み、総延長2、433メートルの二重の万里の長城が完成した。しかし、二重とはいえ「二の字型」ではなく「Xの字型」の二重防潮堤で、当時は世界的にも珍しかったとのことである。(図・52)

しかし、今回の津波で海側の二期と三期工事の新防潮堤は破壊され、津波は内側の旧防潮堤を越えて住宅地を襲い、被害を及ぼすことになった(図・53、54)。

この被害は、安全神話の崩壊という印象で報道された。

そもそも、万里の長城という絶対的に安全な印象を与える名前で呼ばれているが、明治三陸地震津波には対抗できないことが明らかである。当時田老町では、10メートルの高さでは街を守れないため、防潮堤を湾口に対して直角に

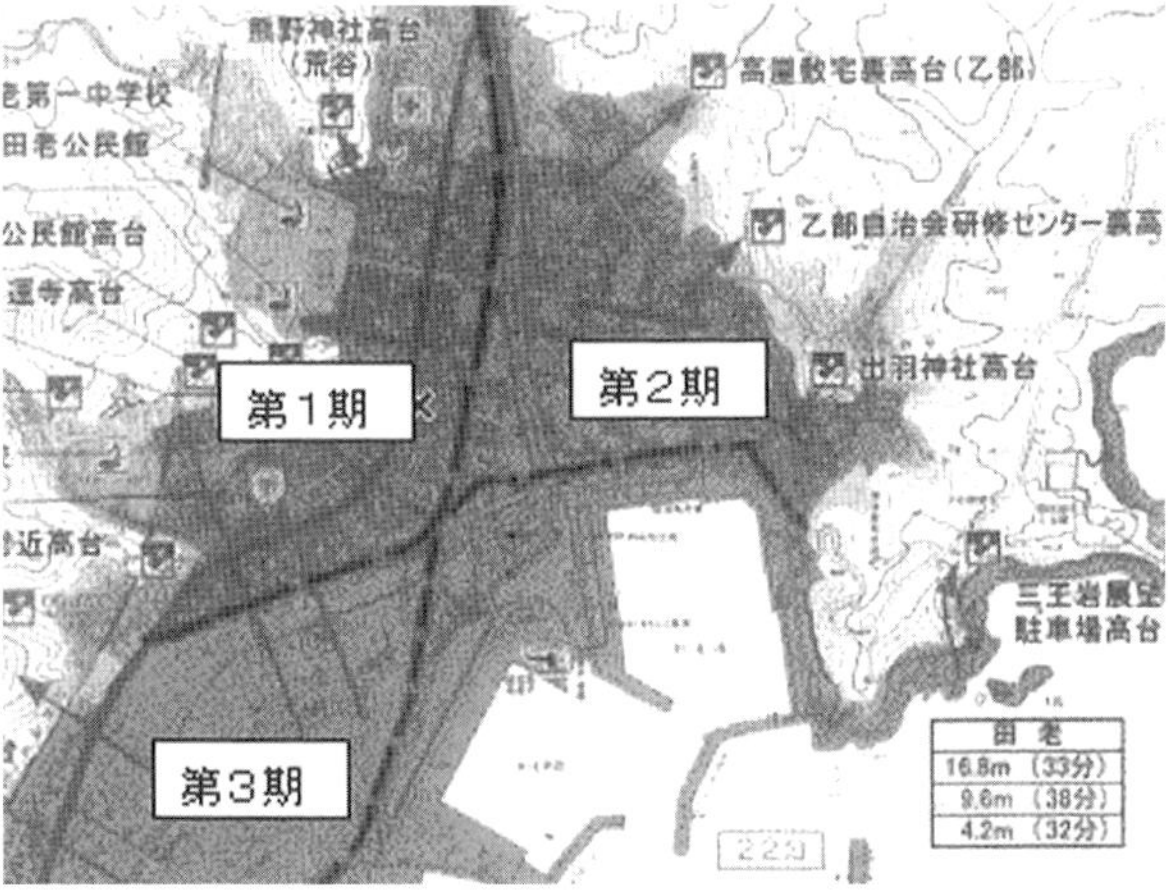

図. 52 「万里の長城」の工期

建設することで津波を沢沿いに受け流し、避難時間を稼ぐことを目的に「逆くの字型」の防潮堤を完成した。

　内側の市街地は道路を碁盤の目状とし、縦方向の道は暗闇でも迷わず高台に辿りつけるように山に向けて造った。

　その後、昭和35年のチリ地震津波では被害を最小限にとどめ、田老町の防潮堤は世界に広まった。そしてチリ地震津波後に出来た新防潮堤は、旧防潮堤の外側に津波に抵抗するように湾口に対して平行に造られた。その結果、二重の防潮堤は「Xの字型」になった。旧防潮堤と新防潮堤とでは設計思想が異なるからである。

図. 53　新防潮堤（第二期工事）の被害状況

図. 54　旧防潮堤から

そして、旧防潮堤と新防潮堤の間の広い土地には人が住むようになり、当初の避難時間を稼ぐという設計意図も忘れられ、二重の防潮堤で絶対的に安全という思いが住民に浸透した。

ここに今回10メートルを超える津波が来て、津波の直撃を受けた湾口に並行の新防潮堤は崩壊し、安全神話の崩壊という印象になった。

また、新防潮堤が崩壊し、新防潮堤の内側の住宅地は引き波で流されたが、旧防潮堤は崩壊せず引き波をくい止め、旧防潮堤による引き波の被害はなかった。旧防潮堤には水の出口があり、内側に溜まった海水は排出され、1日で救助活動が開始された。

(6) 石巻市「堤防づくりで市街地守れ」

石巻市は、昭和50年から平成2年頃には人口が18万人以上あったが、徐々に減少し、平成23年2月1日現在、約16万人である。石巻市は、仙台平野の東端部に位置し、南北に縦断する旧北上川を中心に石巻平野に市街地が広がっている。

震災後、5月15日現在、死者・行方不明者数5、761人である。

石巻市の被害は広範囲に及んだ。特に石巻湾に面する石巻港や日本製紙などの工場、そして、旧北上川周辺の市街地は壊滅的な被害となった。

広い平野の中に日和山があり日和山公園となっている。かつては葛西氏による日和山城のあったところである。ここの高台は市街地を見るのに絶好の場所であり、毎日のように市民が被災地を見に来ている。

山の南側にある石巻湾の方向を見ると、被災した鉄筋コンクリート造の建物や鉄骨造の大規模な工場を残して残りは廃材が到る所に散らばっている。大規模な住宅は、津波で破壊されながらもその土地に残されているようであるが、壊滅的な被害である。

そして旧北上川の両岸には、多くの船が乗り上げている。河口部分には高架の高速道路が走っているが、これはそれほどのダメージは無いようである。

川の上流に目を転じると、中州の中瀬地区が目に入る。当然、中瀬地区も津波にさらわれた。この地区には石ノ森章太郎の漫画ミュージアム、石ノ森萬画館もあったが、これも被災した。そして、津波は北上し石巻平野が広い分、被害は内陸へと及んだ（図・55）。

目を日和山のふもとに転じると、津波に流された住宅の廃材や車が、吹きだまりのように、ふもとに集まっている。このように流れが止まるところでは、廃材が溜まるが、それ以外は流されている。これが平地型の被害である。

海から流れた汚泥が表面を覆っている地区は、とても歩ける状態ではない。泥は住宅の中に入り車を覆っている。そして、土地が平坦なだけ水が引かず市街地に残っている（図・56）。

広い土地を持つ、日本製紙の工場は海岸沿いにあり津波の直撃を受けた。敷地内には木材が散乱し、捲かれた紙もあちこちに見える。そして、まだ水びたしとなっているところもある。

このような市街地の復興には、都市機能や産業を守るために、湾沿いに高台の土手による堤防をつくり市街地を守ることが重要であろう。そして、このような平地には、避難するための高台として人工的な丘や鉄筋コンクリート造のビル等を利用したエスケープ・ビルを提案したい。

図. 55　日和山公園から見た被災地（中州）

図. 56　汚泥に覆われた被災地

（7）大槌町「町長をはじめ町の幹部が」

大槌町の人口は減少傾向にあり、昭和60年までは2万人を維持していたが、その後2万人を割り、平成23年3月1日現在、約1万5、000人である。赤浜地区には東京大学海洋研究所国際沿岸海洋研究センターがある町でる。

大槌町は大槌湾に面した町で、大槌港周辺の町の中心部が大きな被害を受けた。そばに中心部を囲むように、大槌川と小鎚川が流れていたことが中心部の被害を大きくした原因でもあろう。大槌町は、町役場で頑張った町長が亡くなったことが大きく報道された町である。

地震発生後、町長を始め町の幹部職員が災害対策本部を立ち上げようと、庁舎の2階に集結。その後津波の予報があり、一部の職員は屋上に避難したが、町長以下数十人の職員は、建物の1～2階を襲った津波の被害を受け行方不明になった（図・57）。町長に加えて課長クラスの職員が全員行方不明となり、役所機能が停止した。加藤町長が遺体で発見されたのは8日後の3月19日であった。

このような被害があったせいか、瓦礫の撤去などの復旧作業は、いくぶん他の自治体より遅れているようである。

大槌町では町役場が海岸から近く、県道280号線より海岸沿いの被害は大きかった（図・

58）。中心部も津波の被害を受けたが、被害は津波ばかりではなく、火災被害も大きかった。

火災の規模は約12ヘクタールにわたり、県道280号線沿いと県道から末広町へ北側に抜ける道路沿いが火災になり、阪神・淡路大震災における長田区から須磨区にわたる火災規模を超えた。火災は県道から北側に入った城山の小高いふもとに立地している大槌小学校にも及んだ。幸いにも大槌小学校は鉄筋コンクリート造のため黒こげ程度で済んだが火災は４階まで及んだ。その結果、鉄骨造と木造の市街地は焼け野原になった。ここで、大槌小学校は避難所に指定されていなかったのが幸いだった。避難所

図. 57　被災した大槌町役場

図. 58　海に近い地区ではまだ海水が残っている

はさらに高台の公民館が指定されており、避難者には火災が及ばず無事であった。

加藤町長の後は、東梅副町長が継いで災害対策の指揮をとっていたが6月20日、副町長職が任期満了となり、以後は平野総務課長がその任に当たっている。これは、今回の震災で課長以上の役職の方々が全員行方不明になったため、法律に基づき主任から昇格して後任についたものである。そして町長選挙は平成23年8月28日に決定した。結果としてそれまでの5か月以上の間、首長不在が続くことになった。

町役場が被災したことは、単に建物の被害にとどまらず、行政組織までをも崩壊させることになった。この事態を決して忘れてはいけない。

絶対安全な場所に、町役場を移転すること、これが課題であろう。それとともに、しっかりした防潮堤を建設することも検討課題である。そのためには、県道280号線あるいは、被災したJR山田線を嵩上げし、防潮堤にすることも検討対象であろう。

(8) 南三陸町「避難を呼びかけた女性職員は」

南三陸町は気仙沼市の南側に隣接した町で、志津川湾に面した町である。人口は減少傾向が続いており、平成7年頃までは2万人以上が住んでいたが、平成23年2月1日現在、約

１万７、０００人である。５月31日現在、５２９名の死者を出した。

南三陸町でも湾に面したほとんどの市街地が流された（図．59）。木造住宅は基礎を残して流され、鉄骨造の建物は、外壁が剥がされ鉄骨のみをさらしている。わずかにいくつかの鉄筋コンクリート造の建物が残されているのみである。鉄骨造の残骸や、鉄筋コンクリート造の建物には、漁で使う網が絡まっている（図．60）。

町は陸前高田市を小さくしたような印象で、被害状況も似ているが、陸前高田市と違うのは、海沿いの鉄筋コンクリート造の共同住宅が残されているため、陸

図．59　南三陸町の被害状況

図．60　鉄筋コンクリート造の被害

前高田市より残されている割合が少し多いと思うことと、南三陸町の場合、松の流木がないことである。

市街地の中心部にある防災対策庁舎に残り、最後まで町民に避難を呼びかける放送を続けた職員の話は感動的であった。しかし、津波は防災対策庁舎の屋上をも飲み込んだ。そのため、ギリギリまで頑張った職員は、屋上に避難しても助かる見込みは少なかった。

防災対策庁舎ゆえに、堅牢な建物にしようと鉄骨造3階建てで建設されたのだろうが、今回の津波は高く、3階建ての屋上では助からなかった。建物は鉄骨造のため外壁が剥がされ、悲惨な姿をさらしている。

一方、海沿いに建設された4階建ての鉄筋コンクリート造の町営住宅は、住戸内部には浸水したが、建物は形が維持された。小さな海岸沿いの防潮堤は破壊されたが、他のコンクリートの建物と同様、町営住宅は残った。また、海沿いの3階建ての勾配屋根をもつ共同住宅の屋根には、引き波で残されたであろう残材があり、引き波の高さもわかり、津波の激しさがうかがわれる。

今回の避難の放送をした女性職員の悲劇を教訓に、現在の位置に防災対策庁舎を再建しようとするならば、屋上に避難することが可能なように、建物を合同化させ大規模化させて、5階建て以上の鉄筋コンクリート造とすることが望まれようが、このような中心施設をもう少し内陸の高台に移転することも検討課題であろう。

また、市街地を守るには、国道45号を嵩上げして防潮堤の役割をもたせることも検討課題であろう。

(9) 松島湾周辺「日本三景の観光地松島は」

松島湾の周辺は、小さな丘陵地を構成して、津波の被害が少なかったところである。津波の被害が少ないと言っても他の地域と比べてということであり、津波が来なかったわけではない。観光地の松島町でも防潮堤を越えて津波が襲った。

松島湾周辺の被害が少なかったというのは、松島湾に浮かぶ数多くの島のおかげである。これらの多くの島が町を津波の直撃から守り、そのため他の地域に比べて、津波の高さが低く、比較的被害が少なかったのである。これらの多くの島はまさに自然の防潮堤である。

観光地松島にも防潮堤を越えて泥が流れこんだ(図・61)。しかし、松島町民の復旧・復興にかける思いは強く早かった。ボランティアの協力もあったが、一致団結して泥を排出し、道路や建物を高速洗浄した。そのため、道路や建物の泥が洗われ流された。そして、4月29日には復活宣言をし、観光客を受け入れた。通常では建物を見ると泥水の跡により被災状況がわかるが、松島では建物の汚れが洗浄されわからない。まるで津波の被害を受けなかった町のように見える。

しかし、観光地以外の利府町や塩竈などでは、漁業により捕獲した魚類などの現地即売所が被災した（図．62）。海沿いで働く規模の小さな漁業者の多くが被災し、船がいたるところで被害を受けている。このような小さな漁村の被害も深刻である。ここでは、建物を見ると洗浄もされておらず、泥の跡が残り津波の

図．61　松島町の防潮堤

図．62　被災した塩竈市現地即売所

高さがわかる。他地区では海沿いの場合、津波は建物の高さを超えるため、津波の線が見えない。しかし、３メートルの高さもない津波の線が見えるのも松島湾の島のおかげということである。これらの漁村の建物は、簡易な造りで特に復旧や洗浄などは行われていない。こういうところに観光地との差が見られる。

このような地域の防潮堤は、他地区に比べて低い。松島も道路から海が見えるように、１・2メートル程度の高さの防潮堤である。しかし、今回は防潮堤の2倍以上の高さの津波が襲った。今回の震災の教訓を振り返るならば、課題は防潮堤をもう少し高くし、被害を少なくすることであろう。

観光客が日本三景と言われる湾内に浮かぶ多くの島を見られるように、防潮堤を低くしてきた。しかし、今回の復興計画の策定に当たっては、住民は「観光か安全か」という問いをつきつけられることとなるだろう。防潮堤を高くするのであれば、防潮堤ばかりではなく、幅広く周辺も歩けるように高くし、海が見えるようにしてはどうだろうか。

(10) 仙台市若林区「海沿いの小学校は」

若林区は仙台市を構成する5区のうちの一つで、仙台市の南東に位置している。平成23年2

月1日現在人口は13万2、000人である。

仙台平野の被害も大きく報道された。若林区の被害は農地の被害が広範囲に及んだ。仙台平野は平坦なため、津波は奥へ奥へと内陸を目指した。そのため、海岸から5〜6キロメートルの場所まで及んだとも言われている。

そして農地には、自動車が流され残されている。また工場か工事現場からヒューム管などが流され、農地に埋まっている（図．63）。住宅が点在しているところでは瓦礫は少ないが、建物のそばでは建物の瓦礫が流されている。また、屋敷林であろうか、樹木も流され散乱している。

また、海辺に行くと荒浜地区では荒浜小学校が被害を受けた。体育館を見ると床には一面おびただしい砂が入りこんでいる（図．64）。また、建物の破壊も著しい。しかし、建物が少ないため、他地域に比べ、建物復興への問題は少ないだろう。

しかし、一般市街地における建物被害と異なり、この地域

図．63　農地の被害状況

の被害の重大な問題は農地の塩害である。広範囲に及ぶ田は塩害を受け、このままでは数年は使えない状況になった。海から離れ、被害の少なかった農家では、表土を撤去する作業をしているが、塩害は深刻である。

幸いにも、仙台平野を南北に縦断する、東部道路と呼ばれる仙台東バイパス道路は、嵩上げされ防潮堤の働きをし、それから先の内陸は塩害が少なかった。

同じ塩害でも、海岸に近く塩害を深く受けた場所と浅い場所とでは、自ずと対応が異なってくるだろう。場所によっては、海に近く塩害が著しいエリアでは、農業をやめて養殖場にするなど、業態の転換も検討する必要があろう。

嵩上げされた道路が津波に有効だったことから、このように他の道路を嵩上げすることも検討課題であろう。そして、海沿いの地区を養殖場に転換するならば、養殖場と農地の境界部分にはそのような防潮堤の役割を担うものが欲しいところである。

図. 64　荒浜小学校の体育館内部

また、このようなところは広い平坦地であり、避難するには自分の家の屋根しかない。屋根では高さが不十分で不安定であり、避難施設としてエスケープ・ヒルを随所につくることが検討課題となるだろう。

(11) 釜石市「釜石の奇跡」

釜石市の被害も大きく、特に港湾部では今回の津波被害で最大級の大型船が岸壁に乗り上げるなど、漁業施設の被害は大きかった(図・65、66)。また市街地が海に近かった状況も被害を大きくした。

そのような中でも「釜石の奇跡」と呼ばれた小中学生の避難状況は賞賛された。

岩手県釜石市では津波により1、000人近くが亡くなった。しかし、市内の小中学校では、2、926人の生徒のうち早退や欠席した5人が犠牲になったが、その5人を除いて2、921人(99・8%)が助かった。日頃の防災教育や訓練が実を結んだ結果であった。

平成16年から釜石市教育委員会は群馬大学の片田敏孝教授の指導を受けることにし、防災教育に力を入れてきた。今回の奇跡には「防災マップの作成、下校時の訓練、防災の授業」の3つの成果が大きいと言われている。子ども達は、平成20年から、学区内で危険な場所や避難場所を自分で記入するマップを作成してきた。平成22年3月には、「津波防災教育の手引き」が出来上がり、小中学校の防災教育に使われた。

ここでは、釜石東中学校と鵜住居小学校の避難の状況を紹介する。

地震発生時、釜石東中学校ではすでに授業終了時刻であり、一方、鵜住居小学校では多くの児童は校舎内に滞在していた。

図. 65　釜石港の漁業施設の被害

図. 66　釜石港岸壁に乗り上げた大型船

釜石東中学校では、地震発生直後停電で校内放送ができなかったが、多くの生徒は地震の揺れの大きさから〝ただ事〟ではないことを察知し、自らの判断で校庭に集合した。そして、ある教師が生徒に向かって「逃げろ」と叫ぶと、運動部員を先頭に全生徒は予め決めておいた避難場所の「ございしょの里」まで走り始めた。

一方、鵜住居小学校では、全校児童を校舎の3階に移動させていたが、中学生が避難していく様子を見て、中学生のあとを追ってございしょの里まで走り始めた。

ございしょの里へ着いたのは午後2時55分から3時5分までの間だったという。小中学生はその場で点呼を取った。しかし、ございしょの里の建物の裏山の崖が崩れていることを発見し生徒は「ここも危険だから、もっと高いところに避難しよう」と先生に進言した。中学校の教師は、さらに高台にある介護福祉施設への避難が可能との確認をとり、小中学生は介護福祉施設の高台までもう一度走り出した。

中学生は訓練したとおりに、小学生の手を引き避難を支援した。避難の道中、保育士と一緒に園児を抱え台車を押し、必死に避難した。

先頭を行く中学生が介護福祉施設に到着し、点呼を取り始めたとき、「津波が堤防を越えた！」という声が聞こえ、一斉に避難した（図：67、68）。襲い来る津波に、子どもたちは福祉施設よりもさらに高台の国道45号沿いの石材店まで駆け上がり3時30分に着いた。

石材店まで避難してきた子どもたちは、学校や見慣れた街並みが津波にのまれ、押し流されていく光景を目撃した。しばらくののち、旧釜石第一中学校体育館まで移動し、そこで一晩を過ごした。こうして、鵜住居小学校、釜石東中学校の児童・生徒約570人は無事に津波から生き残った。

「津波てんでんこ」とは、津波が来た時には家族がてんでんばらばらに避難することである。片田教授は子どもに、家庭でこんな会話をさせたという「僕は絶対に逃げる。信じて。だからお母さんも逃げて」。

実際、鵜住居小に娘3人が通っていた美容院勤務の母親が、地震後、海に近い小学校へ向か

図. 67　指定避難場所のグループホームに避難し津波を見る生徒（提供：浦山文男）

図. 68　津波の状況を見てグループホームから避難する生徒（提供：浦山文男）

わず、自宅から高台へと避難した。母親は「心配でしたが、子どもは避難しているはずと自分に言い聞かせた」とのことである。また子供たちも、両親のいる美容院へ行こうとすると、友達が「駄目だよ。高い所に逃げなくては」と引きとめたとのことである。

これが、家族がてんでんばらばらに逃げる「津波てんでんこ」の教えである。

⑿ 山田町

山田町でも津波被害そして火災による被害が大きかった。そして防潮堤の被害も大きかった。工場で製作されたコンクリート製のブロックによる自重式の防潮堤が設置されているが、それぞれの防潮堤のブロックが津波により、バラバラにいとも簡単に転倒している（図.69）。その状況を見ると、基礎が浅く、コンクリートの自重に頼る堤防も持ちこたえられなかったのだろう。このような防潮堤の被害が目についた。また、船が建屋の上に乗っているものもあった。

図. 69　山田町の防潮堤の被害

駅周辺は、焼け野原であった。駅舎も焼失し、当初はどこが駅かわからない状況であった。市街地が大火災になった地区をいくつか見てきたが、今回の津波被災地の中でも、最も広範囲に火災になった地区と思われる。

(13) 名取市

名取市の海岸沿いは何も無くなった状況であった。閖上地区はコミュニティ意識の高い地区であったが、津波に流された跡は、平坦で鉄筋コンクリート造の2～3階建ての集合住宅が残されていた（図.70）。

津波の力が弱くなったところでは、津波で流されてきて残った車があちこちに残されており、木造住宅も残されている。まだ津波の水が残されているところもある。

小高い日和山があるが、ここから見ても何も無くなった状況がよくわかる。

このようなコミュニティ意識の高い地区が、一掃された状

図.70　名取市の被災状況

況になった。復興はどのようにするのか、地区に残された方々の課題である。

（東愛知新聞2011年5月14日～18日「東日本大震災のつめあと①～⑤」、2011年5月21日「東日本大震災のつめあと⑥」。「東日本大震災からの復興覚書」万来舎、「減災と市民ネットワーク」学芸出版社掲載原稿を加筆修正）

第2章　被災地で見えてきた課題

前章で見えてきたように、想定外であったマグニチュード9・0の東日本大震災は、各地に甚大な被害をもたらした。ここでは、前章の被害状況でも見てきたが、それらの被害の中から重要と思われ共通的な事項について取り上げ、改めて課題別に整理する。

1　転倒しない防潮堤

津波から最初に町を守るのは防潮堤である。東日本大震災では防潮堤も大きな被害を受けた。津波が防潮堤の高さを超えて住宅地を襲った場合もあるが、津波に防潮堤が破壊されそこから住宅地が大きな被害を受けた場合もあった。いずれにしろ、防潮堤から津波が入り内側の市街地が被災した。

そして、防潮堤の高さも話題になった。例えば、普代村ではかつての村長が反対を押し切って15メートルの高さの防潮堤をつくり、今回の津波では死者を1人も出さなかったとして評判になった。普代村では、幸いにも防潮堤自体が被害に遭わなかったようであるが、何らかの形で被害を受けた防潮堤のほうが多かった。

被害を受けた防潮堤では、特に田老町の防潮堤は話題になった。以前にも紹介させていただいたが、田老町の防潮堤は、土で土手をつくり、その上をコンクリートで固めた高さが10メートルの防潮堤で、万里の長城と呼ばれた。そしてチリ地震津波では被害を最小限に喰い止めた。そのために田老町の防潮堤は世界中に広まり安全神話ができた。

しかし、今回の津波では第二期に造られた湾口に平行な防潮堤が破壊された。そして、それが安全神話の崩壊と報じられた。

一方で、田老町のような防潮堤ではなく、自重式の防潮堤があるが、その被害は多い。工場で造られたブロックを並べて設置し防潮堤にしているわけであるが、自重式のため、基礎や地盤、そして隣設のブロックがお互いに緊結しているわけではなく、ブロック単位で独立した構造になっている。そのため、それぞれのブロックが単独で転倒している。防潮堤より高い津波が来たため、自重だけでは持たなかったのであろう。そのため、破壊というよりはまさに転倒である。置かれただけの状態のため、左右と下の三点が固定されていない。そのため容易に転倒し流されるのだろう。被災地を視察するとこのように転倒している防潮堤が多い（図．71）。

また中には、コンクリートの基礎に少しの鉄筋で止められているものもあったが、津波の圧力に鉄筋は効かず流された（図．72）。

高さを高くして津波の越えない完璧な防潮堤をつくるべきと言っているわけではない。そのような防潮堤をつくるには相当の予算が必要になるだろう。避難時間を稼ぐため、そして引き波の被害を防ぐため、造るからには破壊されず、転倒せず流されない防潮堤を造らなければならない。

図. 71　転倒した防潮堤

図. 72　流された防潮堤の基礎

そのためには、左右のブロックや基礎との緊結も課題であろう。また、先人の智慧を取り入れ、田老町の第一期工事の防潮堤のように、湾口に平行にせず津波の直撃を受け流すようにし、また状況によっては直線状ではなく円弧状に設置する方法も検討するべきであろう。

（東愛知新聞２０１１年5月31日「再考東日本大震災のつめあと①」掲載原稿の加筆修正）

2 海岸付近は耐火建築も

テレビを見ていた時、航空自衛隊の上空撮影による気仙沼市の火災の映像が放映された。その時、海水面上で広いエリアが火災になっている状況には驚かされた。津波という水害であるにも関わらず大火災になっているのである。湾沿いの石油タンクが被災し油が漏れ、そこに何らかの原因で着火した、あるいは流されてきた船の油が漏れ、同様に着火したと推測された。それが、次々に集落や市街地に延焼して行ったのである。津波型火災と言われた今回の火災は、今回の震災における特徴の１つである。

津波と火災を結びつけることは想像しにくいところであるが、考えてみるならば、石油タンクやガスタンクのような危険物の貯蔵所は海岸沿いに立地しているケースが多く、火災の危険は存在していた。加えて、火災の危険要因の船は内部まで流された。

阪神・淡路大震災の時に、長田区の大火災が二次災害として大きく取り上げられた。長田区のように、木造老朽住宅が多く、消防ポンプ車が入れない狭隘道路が多い地区では、一旦火災になると延焼火災になり危険とだれもが予想していた。そして、住民はそのことを周知しており、平常時から火災には気を付けるようにしてきた。

しかし、港湾地区では、津波が来た時に、大火災になるおそれがあり危険とは、予想されていなかったのではないか。そのため、住民も火災対策は十分に行ってはこなかったのではないだろうか。

今回火災になった面積は、阪神・淡路大震災以上とも言われている。10ヘクタール以上が火災になった町もいくつかあり、焼け野原となっている（図．73）。よく見るとこのように大火災になった地区には鉄筋コンクリート造のような耐火造の建築は少なく、

図. 73　焼野原となった大槌町

木造と鉄骨造が多い。焼け跡は焼け残った車などの金属などが散乱しており、木造は跡形もなく延焼している。

鉄骨造の建物の焼け跡を見ると、鉄骨は耐火被覆もしておらず、熱により柱、梁は曲がり建物は倒れんばかりである。一方で、焼け跡に残されている鉄筋コンクリート造の耐火建築は、一部黒くなった焼け跡があるが、形は維持されている（図.74）。

低地で海岸に近いエリアの建物は、耐震建築を目指すばかりではなく、油が流れ広がることを考えた場合、耐火建築も目指すべきである。

（東愛知新聞２０１１年６月２日
「再考東日本大震災のつめあと②」掲載原稿の加筆修正）

図. 74　火災にあった鉄筋コンクリート造の小学校

3　津波浸水区域に耐波建築

被災地を歩き、建物被害を見ていると、３種類の被害がある。それは建物の構造からくる被害状況である。今回はこれらの被害を見て、津波に対抗するための建築として、「耐波建築」というものを提案してみたい。

木造建築の場合、ほとんどの木造住宅が流されたように、対津波建築からはほど遠いところに位置している。鉄筋コンクリート造の基礎はしっかりと残されているが、土台や床組みから上の上屋部分が津波により流されている。もちろん、奥まった内陸で、津波の勢力が弱まったところでは形をとどめている木造住宅はあるが、全般的に津波に対して木造は弱い。

鉄骨造建築の場合も被害が大きい。外壁は剝され、鉄骨がむき出しになるケースがほとんどである（図．75）。外壁を止めている金具が津波に対して抵抗力がないからである。そして、鉄筋コンクリート造の基礎を残し横転し、また逆さになっている建物もある。基礎と鉄骨の柱を緊結するアンカーボルトに同様の抵抗力がないからである。被害の大きいものでは１階の鉄骨の柱のみを残し、残り全てを流されたものもある。

図. 75　外壁がはがされた鉄骨造の建物

対象的に、鉄筋コンクリート造の建物は、ガラスが割れ、内部浸水はあるが外形は保たれている。2階建ての鉄筋コンクリート造には転倒しているものもあるが、4階建て以上のもの、例えば、陸前高田市にある海岸沿いのホテルや4階まで被害を受けた5階建の共同住宅は外形が維持されている（図．76）。

鉄筋コンクリート造により、柱・梁の構造体と外壁が一体化されているからであり、さらに、杭により建物は一体化されているからであり、そして最も重要なことは、鉄筋コンクリート造の場合、重量が重いからであろう。

以上のように考えてみると、津波対策の建築としては、鉄筋コンクリート造が有効である。鉄骨造のように、外壁が剝されてしまうと、建物内部にいる人や物品が流されてしまい、生命と財産の保護という観点からは難しい。そのような観点から見ると、外形が維持されている鉄筋コンクリート造のほうが生命と財産を守る確率が高い。

図．76　残された海岸沿いの鉄筋コンクリート造の共同住宅

我が国は地震が多く、耐震建築という呼び名が定着しており、同様に火災対策として、耐火建築や防火建築という呼び名が定着している。

ここで、新たな建築として、低地の津波浸水区域においては、津波対策として、「耐波建築」という制限を設けることを提案したい。耐震・耐火に加えて、現行の鉄筋コンクリート造の基準を見直した耐波建築で、津波に強いまちを創造して行きたい。

（東愛知新聞２０１１年６月４日「再考東日本大震災のつめあと③」掲載原稿の加筆修正）

4　人工の丘エスケープ・ヒル

「津波が来たら高台へ逃げろ！」これは津波浸水区域の鉄則である。

特にリアス式海岸の小さな市町村では、山が近く、住民は山に向かって避難をしてきた。

そして、田老町のように、高台に向けて道路を直線状に整備してきたところもある。それは夜間に津波が発生した時に、ひたすらまっすぐ走ると高台に着くようにという意図である。

津波発生時に、避難という観点から見ると、リアス式海岸は高台が近く、避難時間が短く有利のようである。そして、高台にある社寺の境内には避難者が集まった（図・77）。

しかし、リアス式海岸でも必ずしもそうでないところもある。平場が広い大船渡市や気仙沼市のようなところである。ここでは避難時間が短いとはいえない。

一方で石巻市のように平坦な市街地はビルの屋上以外に逃げ場がない。鉄筋コンクリート造の避難ビルを建設するべきと言っても、鉄骨造の工場が多いところでは鉄筋コンクリート造で工場を建設し避難ビルとするのは難しいことかも知れない。

そして仙台市の若林区のように平坦な農地が続く場合は避難するビルも無く、避難場所は自宅の屋根以外にない。

そのように、近くに高台もなく、避難ビル建設も難しい場合、瓦礫を使い、高台として人工の丘をつくり避難場所としたい。このような人工の丘をここではエスケープ・ヒルと呼ぶ。標高は20メートル以上を基本にする。

図. 77　高台のお寺から被災地を望む

そして、登り易くバリアフリーとするために、スロープでアプローチすることにする。このような丘を適切に配置して、避難上、安全な地域を創造する。

エスケープ・ヒルはそこにオープン・スペースがあることを条件に、公園や公共施設が設置されるものとする。特に、現在ある公園を高台にするならば、権利関係の調整もなく、造成しやすいであろう。

今回の広い平坦な被災地をみても、なかなかそのような高台がない。

その中で、石巻市の場合、日和山公園があり、この近くに住む人は幸いだった。ここはかつて葛西氏の城があったところである。その後、公共施設や神社が出来た。

日和山公園には、助かった被災者や他の地域から来た方々が被災地を見に集まっている。眼下に広がる少し前まで住んでいた被災地の光景を見て、この高台のおかげで助かったということを心に深く感じていることだろう（図・78）。

図. 78　エスケープ・ヒル（日和山公園）

津波浸水区域の有効な防災施設として防潮堤があるが、防潮堤と同様、エスケープ・ヒルも有効な防災施設として位置づけ避難上安全な地域を創造することが課題である。目的は避難用であるが、ネーミングは別に考えても良いだろう。

（東愛知新聞2011年6月5日「再考東日本大震災のつめあと④」掲載原稿の加筆修正）

5　凶器と化した防潮林

防潮林も津波の最前線に立つ有力な手法の1つである。今回の津波で、防潮林も大きな被害を受けた。もちろん防潮堤と違って、津波をストップする機能があるわけではないが、津波の威力をそぎ和らげる働きがある。

今回の震災で防潮林が話題になったのは、陸前高田市の高田松原であった。江戸時代から防潮林として植林され、震災前までには約7万本の松が植えられ、国指定の名勝ともなった。それが津波によりほとんどなぎ倒され流されてしまった。1本の松が残ったが、それは奇跡の松と呼ばれ、復興の象徴になっている。

防潮林が被害を受けない程度の津波であれば、美しい海岸線の景観を創造し、名勝高田松原のように観光の名所ともなり問題はないが、防潮林そのものが被害を受けると事態は一変する。

例えば、今回の陸前高田市を見ると、被災地の至るところに津波により流された松の木が横たわっている。これは、避難する人にとっては後ろから追いかけてくる凶器となり極めて危険である。また、木造住宅などは突き破るくらいの破壊力がある（図．79）。

実際に、海岸沿いのホテルのロビーを見ると、流された松の木がガラスを破り、ロビーに突っ込んでいる。とても危険な状況である（図．80）。

そもそも、津波を和らげるという意味から防災の目的で植林されたものが、凶器になっている。

これも今回の大きな教訓である。

図. 79　松の流木

図. 80　ホテルのロビーに突っ込んだ松

我が国のみならず海岸線には防潮林を植え、美しい海岸線を創造するのは諸外国でも見られる一般的な防災手法の1つとなっている。平成16年のスマトラ島沖地震・インド洋津波の時、最大の被災地となったインドネシアのバンダ・アチェ市では海岸線に防潮林としてヤシの木を植林していた。

しかし、それが巨大津波でほとんどなぎ倒され流されてしまった。そしてそれが流木となり農地や市街地に流れ込んだ。そして、防潮林は歯抜け状態のようになった。

当時、復興計画はＪＩＣＡが作成し、その時私は特別防災アドバイザーとしての任務を担った。復興計画では巨大津波対策として、海岸線には根が強いマングローブを植え津波を和らげることにし、ヤシの木は内陸に並べ、二段の防潮林の計画とした。

今回の津波で、我が国の防潮林も見直されなければならない。

（東愛知新聞２０１１年６月６日「再考東日本大震災のつめあと⑤」掲載原稿の加筆修正）

6　被災しない避難所

ここでは特に避難所の被災について触れておきたい。避難所が被災し問題になる場合、地震ではなく水害の場合が多い。それは、そもそもの立地条件が問題とされ、低地にある建物が避難所に指定されたために水害を受けたというケースである。特に、我が国で良く見られる、梅雨から台風シーズンに至る集中豪雨の時には、一旦避難所に避難したが浸水し、別の避難所に避難したという話を時々耳にする。

今回の津波でも、多くの避難所が被災し使えなくなった。

例えば、陸前高田市の市街地のほぼ中央には、避難所に指定されている市民体育館があった。そして、今回の地震発生後、約80人の人が避難した。しかし、津波が押し寄せ、体育館の中に濁流が流れ込み、海と反対側の壁を破壊し突き抜けた。避難していた方々は流され、生存者は3名と言われている。体育館の中には、濁流とともに体育館に流れ込んだ自動車が残されているが、その姿がその激しさを物語っている。低地にもかかわらず避難所に指定したことが悲劇になったのである（図：81、82）。

一方で、大船渡市の赤崎町の避難所に指定されている赤崎地区公民館・漁村センターの場合、海岸に近く、大船渡湾から100メートルもないところに立地していた。しかし、小高い丘の上にあった。そのため、周囲は被災したが、ここは津波の被害を受けなかった。そして、ここに上った避難者は助かった。

このように避難所でも低地に立地しているか高台に立地しているかで明暗が分かれた。

また大槌町では、市街地の火災が小高い丘に建設されている大槌小学校まで襲い、火災は最上階の4階まで達した。幸いにも、この小学校は避難所ではなく、もう少し後

図. 81　陸前高田市の被災した市民体育館

図. 82　陸前高田市の被災した市民体育館

背地の公民館が避難所に指定されていた。そのため住民は公民館に避難し、小学校には避難者はいなかった。もし小学校が避難所に指定されていれば、津波から避難して来た後、火災の延焼により、またこの避難所から別の避難所に避難しなければならなくなっただろう。

低地にある津波浸水区域の建物を避難所に指定することは見直されなければならない。また、木造市街地のように、延焼のおそれある地域での避難所の指定も見直さなければならない。

（東愛知新聞２０１１年６月７日「再考東日本大震災のつめあと⑥」掲載原稿の加筆修正）

7　甚大な被害を受けた鉄道

今回の大震災で鉄道も被害を受けた。原子力発電所の被災が前面に報道されているため、その陰に隠れて目立たないが、鉄道被害も深刻な被害であった。

東北新幹線も被害を受け、運転再開までは時間がかかった。新幹線の被害を振り返ると、阪神・淡路大震災では鉄道を支える高架の構造の問題が大きく取り上げられ、全国的に見直しが実施された。そして新潟県中越地震では脱線の被害があり、今回はそれに次ぐ被害である。新幹線は日本列島の重要なインフラであり、新幹線が止まることによる我が国の経済活動に与える影響は大きい。

一方で、新幹線ほどではないが、ローカルな鉄道も被災した。ここでは特に、三陸海岸沿いを走る三陸縦貫線に焦点を当てたい。

三陸縦貫線は、リアス式海岸の景観を車窓から楽しむことのできる評判の鉄道である。三陸縦貫線は北から、JR八戸線（八戸～久慈）、三陸鉄道北リアス線（久慈～宮古）、JR山田線（宮古～釜石）、三陸鉄道南リアス線（釜石～大船渡盛駅）、JR大船渡線（大船渡盛駅～気仙沼）、JR気仙沼線（気仙沼～石巻前谷地駅）の6線で構成されている。ここで、三陸鉄道北リアス線と南リアス線は、JRではなく、第3セクターによる三陸鉄道㈱が経営している鉄道である。この三陸縦貫線は、リアス式海岸に代表される陸中海岸国立公園の景観を楽しめる路線であり、トンネルが多く、トンネルを抜けて美しいリアス式海岸を眺めるシーンが繰り返され魅力的なものであり、車窓からの景観としては世界中でも有数のものと評価する人もいる。

これらの鉄道が、平成23年3月11日に全て不通になった。

線路が横に流される、線路上に様々なものが流される、陸橋が破壊されるなど（図・83）、また陸中山田駅や大槌駅などのように被害を受けた駅もあった。美しい景観を鑑賞するために海岸の間際を走っている場所も多く、引き波で線路が180度反転しているところもあった（図・84）。

今回はこれまでの路線建設の在り方が問われる機会になった。美しい景観や最短距離を求めて海岸沿いにルートが決められているのだろうが、今回突きつけられた現実は、その分危険が大きいということである。

これからは、現在の方法を見直し、ルート変更や高台化、あるいは枕木の固定や津波の直撃を受けない工夫などが求められよう。今後の復活を願いたい。

（東愛知新聞２０１１年６月８日「再考東日本大震災のつめあと⑦」掲載原稿の加筆修正）

図. 83　被害を受けてケタが落ちてしまった陸橋

図. 84　引き波により反転した線路

8　夫の造った家が妻を救う

三浦賢吉は大正12年生まれの気仙大工であった。子どものころに昭和三陸地震を経験し、昭和35年にはチリ地震津波を経験した。チリ地震津波後、これからは木造建築では津波に対抗できないとして、コンクリートブロック造による住宅を建設することにした。そして独立して高砂建設という会社を設立し、大船渡市の赤崎地区にブロック造の建物を建設して行った。もちろん建物によっては鉄筋コンクリート造のものもあった。

そして賢吉は赤崎町の三陸鉄道の裏側にブロック造で自宅を建設した。そこで3人の娘が生まれ、成長し関東へ出て行った。平成2年、賢吉はガンで他界した。享年66歳であった。ブロック造の住宅には、賢吉の妻千花野さんが住むことになった。

平成23年3月11日、地震発生後、神奈川県藤沢市に住む長女から電話が来て、「お母さん、津波が来る、早く逃げて！」と言ってすぐに切られたという。

長女は緊急性を伝えたくてすぐに切ったのだろうが、市からの放送は「ただいま引き波がありました……」とゆっくり話していたので、緊急性を感じず貯金通帳等を探そうとした。しかし、外へ出ると津波が見え、あわてて家の2階に逃げたという。

しかし、すぐに津波は2階まで来た。そこで、流されないようにジャンプして長押をつかんだ。その時、すぐに泥水が押し寄せ水につかったが、しっかりと長押をつかみ息を止めて引くのを待った。その後もう一方の手を上にあげたら、空気を感じ、そこで、水面に顔を出した。この時に何かに押し上げられたような気がしたという。天井までわずか数センチ。ここで息をして助かったという。このくらいの隙間で助かったと指で示し、もう少し鼻が高かったら鼻が邪魔で息が出来ず死んでいたと今では笑って語っている。２階の部屋の壁には、津波の跡が残っている。（図．85、86、87）

この地区では木造住宅は壊滅状態だった。残された建物は、ほとんどが賢吉が建てたコンクリートブロック造の建物と鉄筋コンクリート造の建物であった。

もし、この建物が木造であったなら、津波で倒され流されてしまい、長押にジャンプすることもなかったであろう。

図. 85　被災した三浦家

賢吉の建てた住宅は妻を救うことにつながった。
妻は、津波の時80歳で、ダンス教室に通っていたからジャンプできたと語っている。この生きようとする気迫も素晴らしい。このような自助努力もあるが、妻は、廻りの人達からは、旦那に助けられたと言われている。

図. 86　天井からの隙間を示す三浦さん

図. 87　２階の浸水の跡と長押

津波に負けないようにと工夫を重ねてきた地方の大工の輝きがここにあった。なお、小高い丘にある賢吉の手で建てられた赤崎地区公民館・漁村センターは、避難所として使われている。

（東愛知新聞２０１１年６月９日「再考東日本大震災のつめあと８」掲載原稿の加筆修正）

9　必要な魂の救済活動

今回の大震災では、宗教団体が慰霊しているところや、生き残っている方々を癒しているところを見た。これは大切な活動であり、これまでの震災でもあったかも知れないが目立たなかった活動であまり報道されてこなかった。また、災害対策活動に明確に位置付けられてはこなかった。

従来の被災地への支援は、食糧や生活必需品等の物的な支援、それに加えてボランティア活動による人的な支援が中心であった。しかし、これからは、魂の救済ともいうべき支援が明確に位置付けられることが求められる。

今回の被災地でよく見られたのが、遺体安置所における宗教者による弔いである。身元不明の死者の弔いを行い成仏して欲しい、それが宗教者の切実な願いであり、また、遺体安置所を管理する側の願いでもある。

また、そのような遺体安置所での弔いとともに屋外での弔いがある。これは形式化した弔いではなく、宗教者が被災地を歩いている時に行われる弔いである。

歩いている宗教者に、親族や縁者を亡くした方々が、「この場所で家族を亡くした。弔いをしてあげることが出来なかったので弔いをして欲しい」と声をかけてくる。そのような場合、求めに応じて亡くなった場所で弔いをしているようであるが、これは生きている人にとっても、やっと弔いをしてあげることが出来たというように救われた思いになる。また、被災地が良く見える場所に立ち、祈りをしている光景も良く見られた（図．88）。

慰霊は亡くなった方々にとっても生きている方々にとっても大切なことである。握っていた手が離れ、目の前で妻が津波に飲み込まれた、どうしても救えなかったという思いに苦しみ語りかけてくる方もいる。このよ

図. 88　被災地での弔い

図. 89　遺体安置所での弔い

うに苦しんでいる方々に語りかけ、苦しみから救い解放する。このようなことに果たす宗教の役割は大きい。

今回、遺体安置所は寺院と体育館が多かったようである。寺院の場合、そのお寺で弔いをしているため、被災地を訪れる宗教家はお寺以外の体育館などを巡っているようである。今回は、長野の善光寺でも有志が試みとして行った（図.89）。

このように、死者と生きている方々の魂の救済支援活動がこれからの災害には必要となる。今後は、災害対策活動に必要な活動として位置付けられることを望むものである。

そして、宗教による魂の救済活動の展開が期待される。

（東愛知新聞２０１１年６月10日「再考東日本大震災のつめあと９」掲載原稿の加筆修正）

10　災害の恐ろしさ後世へ

我が国は災害の多い国であるが、災害の状況を教訓として後世に伝えることをあまりしてこなかった経緯がある。津波の高さを示す塚や石碑はあるが被災状況があまり残されていない。海外の例を見るならば、中国の唐山地震（昭和50年）では、建物のみならず一部の被災地を教訓として残している（図．90）。これは、中国は国土が広くて社会主義国だから残せた、日本では無理と思ってしまうところである。

しかし、数々の災害が発生する中で、我が国でも、災害を後世に伝えようと、徐々に建物被害などの被災現場を残す努力をするようになってきた。有珠山の噴火（平成12年）における建物被害や、最近でいえば、新潟県中越地震（平成16年）における山古志村の水没した集落が残されている。そのようにして残されたところが公開され多くの方々が訪れている。そして、実際に見ることにより、災害の恐さを教訓と

図．90　残された唐山地震の被災地

図．91　残された旧山古志村の水没した集落

して学んでいる（図．91）。

東日本大震災の津波の被災地も、後世に伝えたい。しかし、そのように保存という観点で見ると、民間の建物や施設は難しい。かといって公共的な施設も残すだけの余裕が無いかも知れない。しかし、あまり見込みが無いと言っていても始まらない。

まだ、被災者のケアが続きそこまで考えられない状況でもあるが、被災地の解体撤去作業は進んでいる。災害のメモリーとして被災建物や被災地を残すことを、今のうちに検討しなければならない。そして、国もこの保存プログラムの重要性をアピールして欲しいところである。

ここでは、津波の教訓として残せる可能性のあるものを挙げてみる。そして、今回の震災の現場が、少しといえども保存されて後世に残り、世界中の方々が見に来て、語り継がれることを希望したい。

〈残せる可能性のあるもの〉
①　津波の高さがわかるもの
　船が乗った家や浸水高さのわかる家、津波の高さのわかる樹木など。
②　海沿いの鉄道の被害
　津波の影響を受けた線路などを部分的にでも。

③　破壊、転倒した防潮堤
津波の強さがわかるように、転倒した防潮堤など。
④　陸に乗り上げた船
津波の影響で奥まで乗り上げた船を資料館にする。
⑤　低地で被害を受けた工場
津波の被害を直接受けた工場や火災になった工場など。


各自治体で1箇所ずつ残すならば、点は線としてつながり今回の三陸沿岸の津波災害の全貌がイメージできる。

日本は災害の多い国である。被害状況を保存している日本中の地域がネットワークを構築し、世界中の人々が災害の怖さを見に来て知っていただくことを世界に訴えたい。

（東愛知新聞2011年6月11日「再考東日本大震災のつめあと10」掲載原稿の加筆修正）

第３章　復興計画の検証

これまで見てきた状況を踏まえ、ここでは「復興モデルプランの提案」を行う。そして広大な仙台平野に自治体が連なる宮城県南部地域とリアス式海岸による三陸地域の岩手県と宮城県の自治体の中からいくつかの復興計画をとりだし、内容を検証する。そして東日本大震災を振り返る。

1　復興モデルプランの提案

(1)　被災地のパターン

被災地をみると、地形により2つのタイプに分けられる。1つは、岩手県に多くみられるリアス式海岸型の被害であり、もう1つは、宮城県の石巻市や仙台市に見られる、平地型の被害である。

リアス式海岸型の被害の場合、津波は山に向かって遡上する。今回、東京海洋大学の調査によれば遡上高さは最大で宮古市姉吉で38・9メートルを記録し、明治三陸地震津波を超え、国内観測史上最大値となった。そのため海岸線における津波の高さを超えて被害が及ぶ。

しかし、平地型の被害の場合、津波は水量のある限り前へ前へと進む。その結果、石巻や名取、そして仙台では海岸線から5～6キロメートル内外まで及んだように、被害は高さよりも広範囲へと広がる。

今回の震災で津波のもたらした被害は、以上のように概ねリアス式海岸型と平地型の2つの型に分けられる。

また、どちらにも属さないタイプとして松島湾を取り囲む小さな自治体があるが、ここは特殊タイプなのでモデルプランから除く。

(2) 復興モデルプラン

被災地のパターンが、2つの型に分けられるように、津波対策はそれぞれの型によって異なる。リアス式海岸型の場合、各施設の高台への移転が検討されるだろうし、また瓦礫を使った嵩上げによる人工地盤の建設も検討課題である。平地型の場合、破壊されない二重、三重の堤防が、また避難用を含めた人工地盤による高台建設も検討課題であろう。そしていずれの型でも中心部をより内陸に移転することが検討課題である。

ここで基本的な復興モデル作成の方針を整理すると以下のようになる。

1　中心部を内陸に移動する。
行政の施設等、公的な機関の施設は被害の少ない内陸部や高台に移転する。

2　土地利用の再構成
住宅地ゾーンは津波から守るため内陸部や高台とし、漁業・港湾関連施設ゾーンは海と密接な繋がりがあり海岸沿いとする。そして住宅地ゾーンと漁業・港湾施設ゾーンの間を業務・商業施設ゾーンとする。

3　嵩上げによる道路、鉄道の堤防としての有効利用
嵩上げによる道路等が津波に有効だったことから、嵩上げ道路や鉄道を堤防として市街地に有効に建設する。
特に陸中海岸における鉄道は景観を楽しみ鑑賞するために海岸線を走っているが、乗客の安全性と後背地を守るためにもルートを変更せず嵩上げして堤防を兼ねる。

4　避難施設（避難ビル、エスケープ・ヒル）の有効配置

鉄筋コンクリート造による高さ5階以上のビルは、外部からも一般の人がアプローチできる避難ビルとする。また公園や公共施設を嵩上げしオープンスペースに一般の人が避難できるようにエスケープ・ヒルとする。

これらの避難ビルやエスケープ・ヒルを市街地に有効に配置する。

5 瓦礫の有効利用

嵩上げや人工地盤建設のためにも、瓦礫を有効利用する。

ここで、復興モデルプランを考えると、被災地の型と同様にリアス式海岸型と平地型があるが、リアス式海岸型には大規模型と小規模型があり、平地型には土地利用により都市型と農地型に分けられる。そのため、ここでは、リアス式海岸型の大規模型（図・92、93）、平地型の都市型（図・94、95）と、そして農地型（図・96、97）のそれぞれの型の復興モデルプランを提案する。

〈リアス式海岸型（大規模型）復興モデルプラン基本方針〉

・リアス式海岸の景観を保全する。

・住宅地から海の眺望景観も保全する。

・海側から内陸に向けてそれぞれ、漁業・港湾、業務・商業施設、住宅地ゾーンとする。
・住宅地に被害が及ばないように、高台移転や、瓦礫を使い嵩上げにより人工地盤をつくり住宅地と公園にすること等も検討する。
・人工地盤から業務・商業施設にはブリッジでのアプローチを検討する。
（なお、小規模型の場合は施設規模も小さく、ブリッジは不要）
・業務・商業施設は外部からも利用できる鉄筋コンクリート造の避難ビルとする。
・ブリッジは交通空間及び避難空間とし、ネットワークを形成し二方向避難を確保する。
・業務・商業施設ゾーンの地上部分は交通・流通空間とする。また、必要によりエスケープ・ヒルを計画する。
・鉄道は海岸沿いの場合は堤防を兼ね嵩上げし、内陸の場合は人工地盤を利用する。

〈平地型（都市型）復興モデルプラン基本方針〉

・津波の被害を内部に及ぼさないように複層の堤防を計画する。
・海側から内陸に向けてそれぞれ、漁業・港湾、業務・商業施設、住宅地ゾーンとする。
・漁業・港湾ゾーンと業務・施設ゾーンの間、及び業務・施設ゾーンと住宅地ゾーンの間に、嵩上げによる道路、鉄道あるいは公園を利用した堤防を計画する。
・業務・商業施設ゾーン及び住宅地ゾーンには、瓦礫を利用したエスケープ・ヒル（公園・公共施設）を計画し、避難の用に当てる。
・業務施設は外部からも利用できる鉄筋コンクリート造の避難ビルとする。

〈平地型（農地型）復興モデルプラン基本方針〉

・津波の被害を内部に及ぼさないように複層の堤防を計画する。
・海側の被災した農地は産業転換をし、養殖場ゾーンとする。
・海側から内陸に向けてそれぞれ、養殖場、農地、住宅地ゾーンとする。
・海岸沿いと養殖場ゾーンと農地ゾーンの間、そして場合によっては農地ゾーンと住宅地ゾーンの間にも、嵩上げによる道路、鉄道あるいは公園を利用した堤防を計画する。
・養殖場ゾーン、農地ゾーン及び住宅地ゾーンには、瓦礫を利用したエスケープ・ヒル（公園・公共施設）を計画し、避難の用に当てる。

（月刊誌「近代消防」２０１１年７月号掲載原稿を加筆修正）

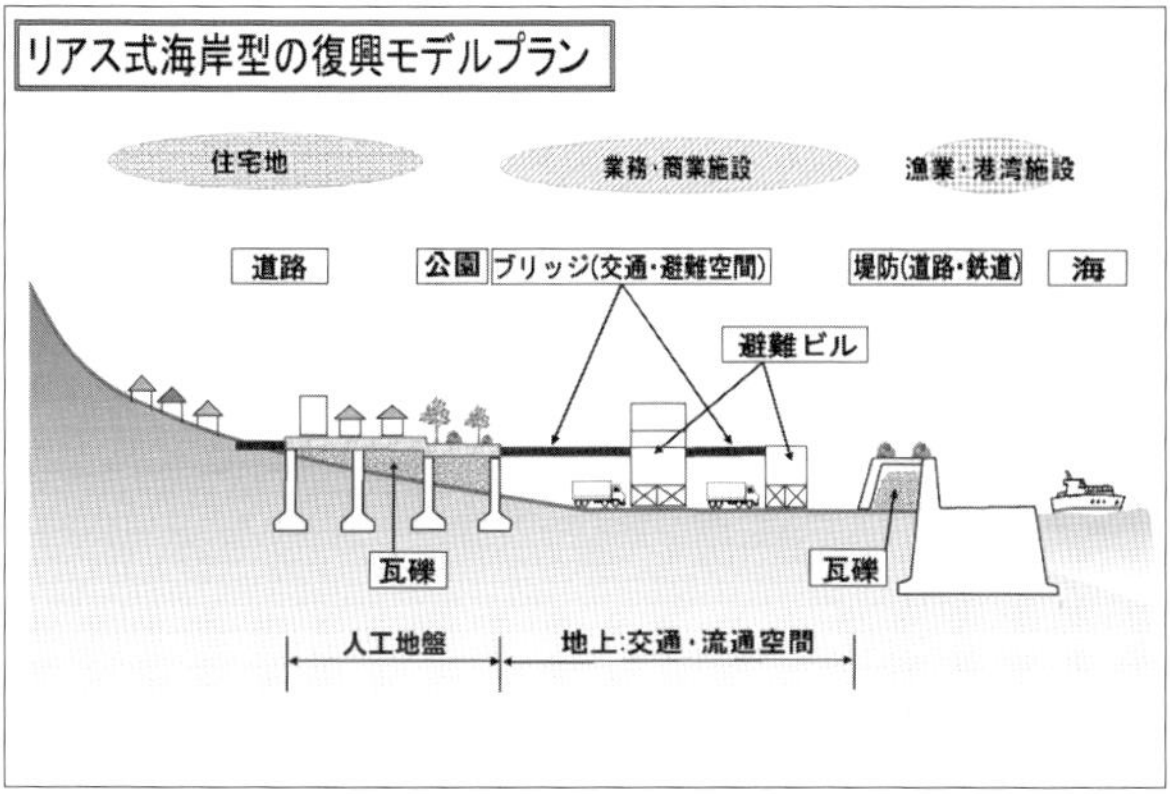

図. 92　リアス式海岸型（大規模型）復興モデルプラン（断面）

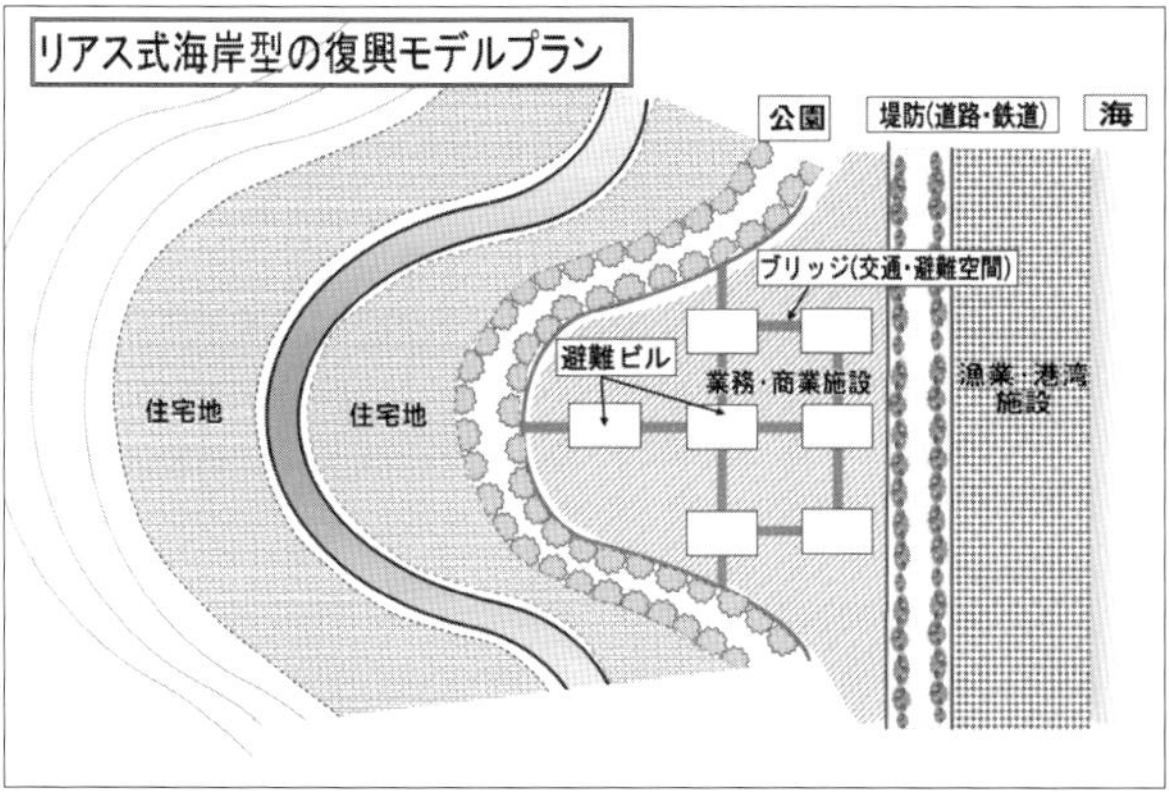

図. 93　リアス式海岸型（大規模型）復興モデルプラン（平面）

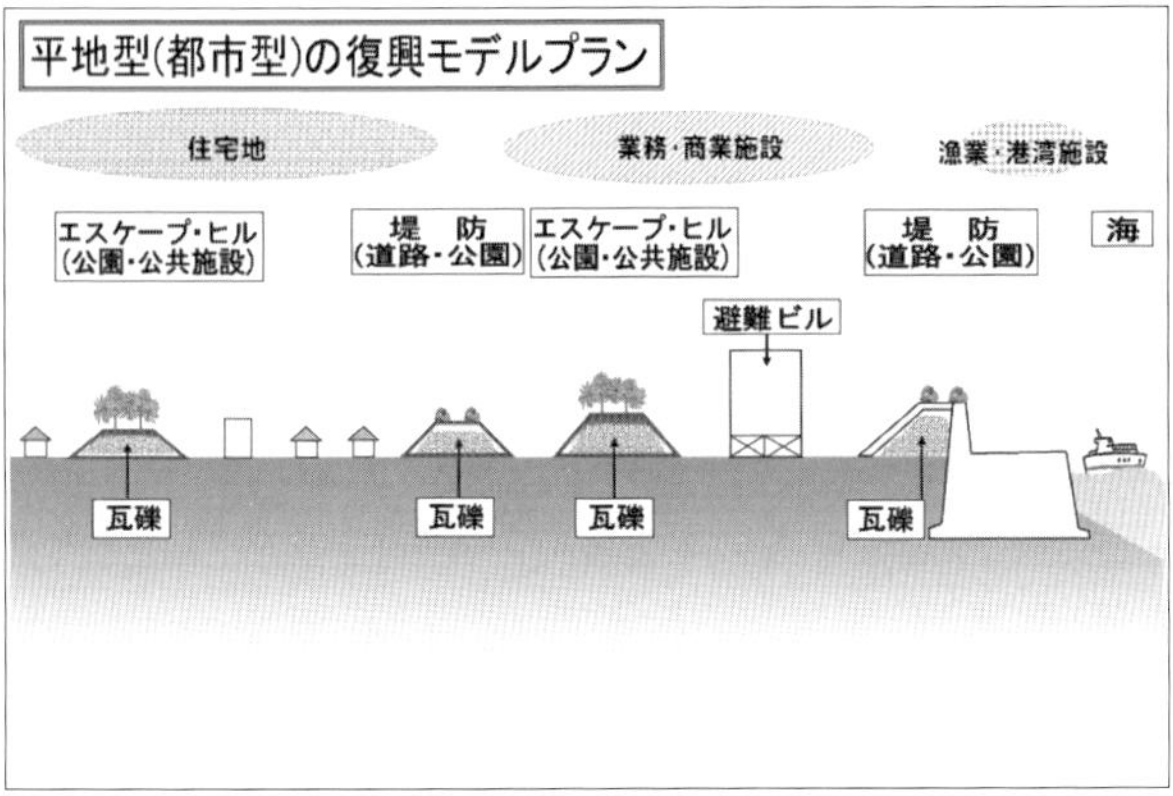

図. 94　平地型（都市型）復興モデルプラン（断面）

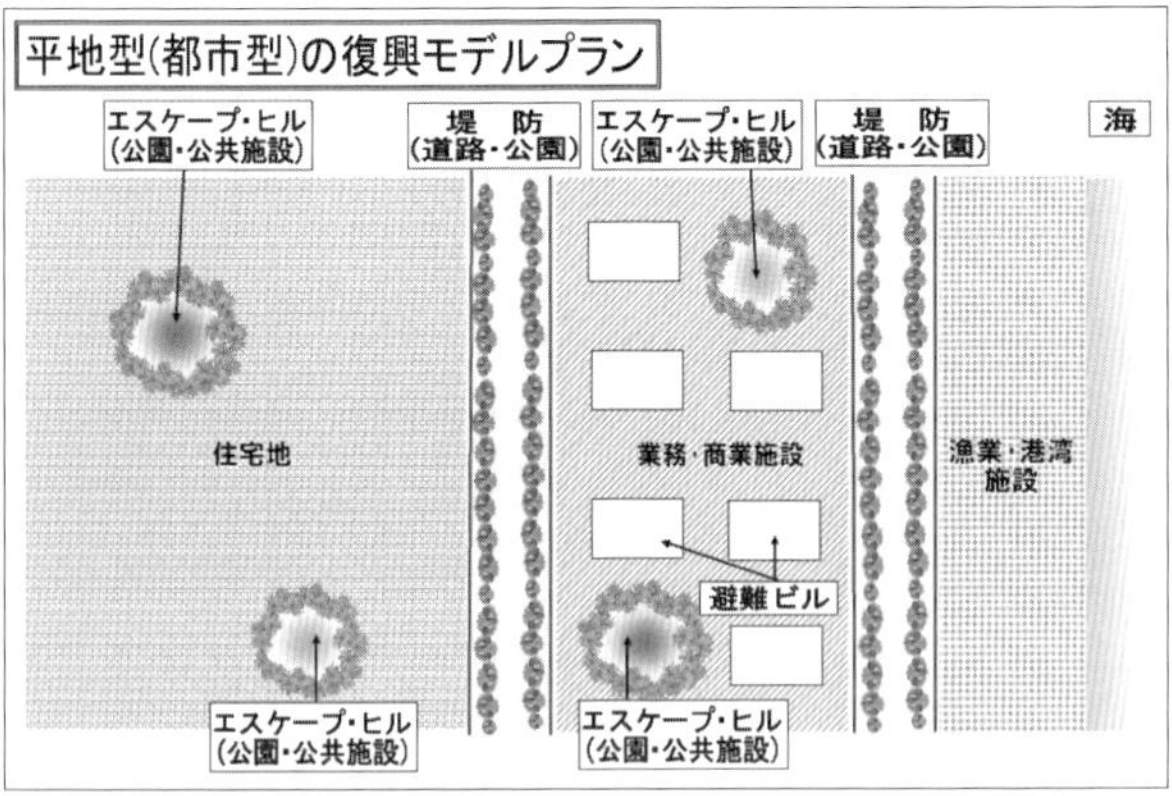

図. 95　平地型（都市型）復興モデルプラン（平面）

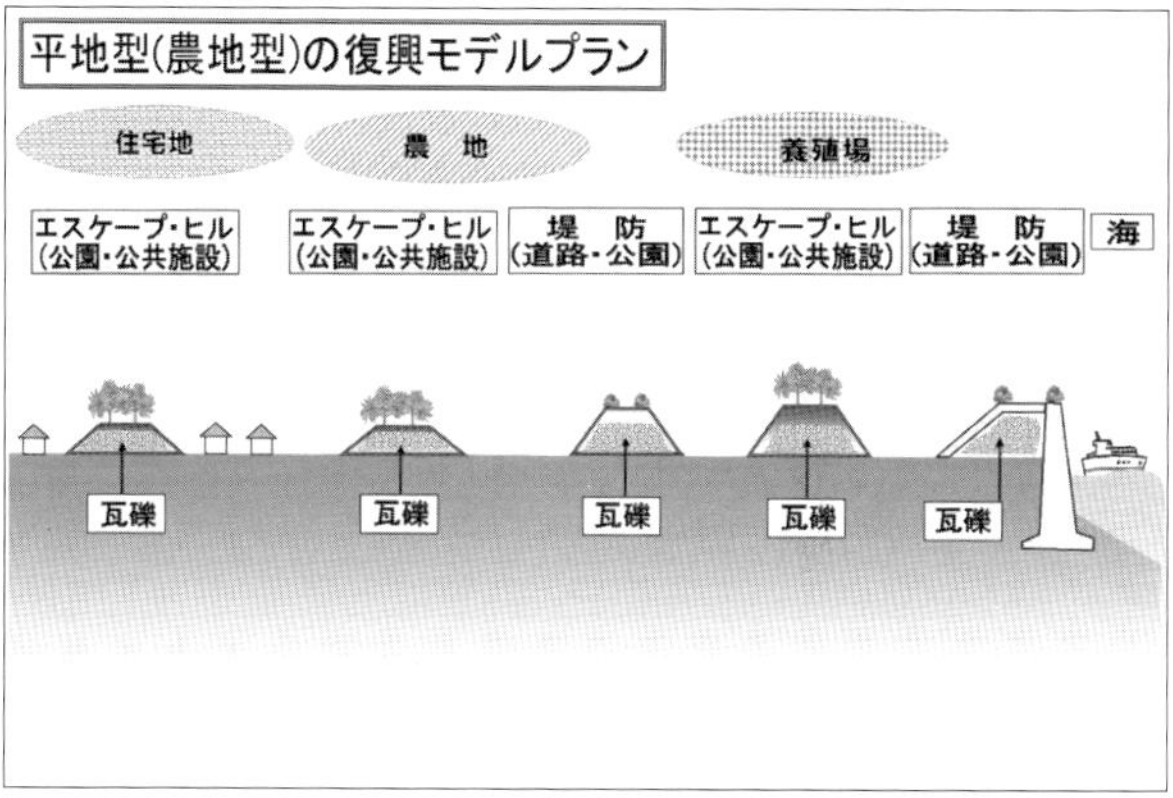

図. 96　平地型（農地型）復興モデルプラン（断面）

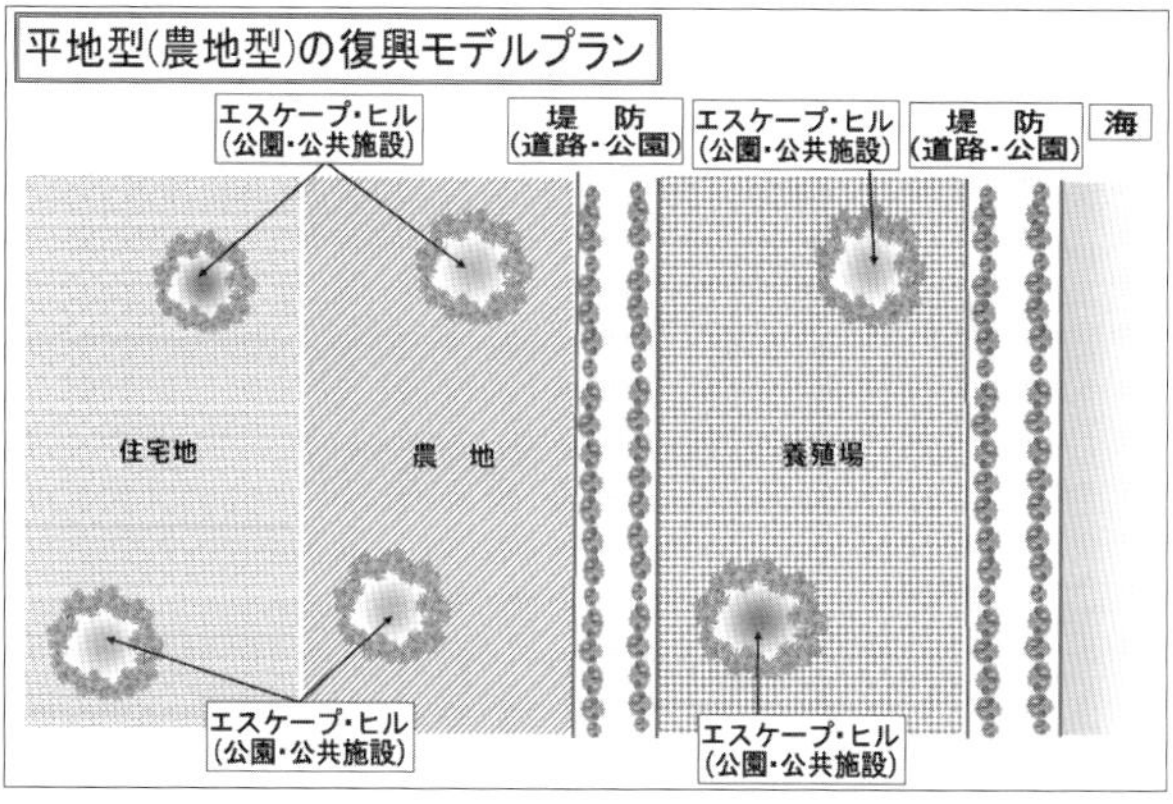

図. 97　平地型（農地型）復興モデルプラン（平面）

2　宮城県南部地域の復興計画の検証

平成23年3月11日に発生した東日本大震災の復興では、国が方針を出すのが遅い、被災者が各地に散らばり合意形成が難しい等の声もあったが、秋から年末にかけて各自治体の復興計画が出揃ったようである。

各自治体の復興計画を見ると独自性を発揮している自治体も見られる一方で、それぞれの自治体が独自に策定しているために、統一性がとれていないとか一体性に欠けるという状況もある。しかし、隣接自治体間に一体性のない計画は、津波対策としては欠陥となる場合がある。

宮城県の仙台平野は、岩手県三陸地域のリアス式海岸とは市街地の状況が異なる。リアス式海岸は、急峻な山により囲まれた市町村が独立して市街地を形成しているが、宮城県の南部地域は自治体が仙台平野の中で連続しており、それぞれの市町村が地形的に独立しているわけではない。そのため、津波対策は、それぞれの市町村が連携され一体化された復興計画でなくてはならない。

そのため今回は、そのような観点から、隣接自治体が仙台平野でつながる、宮城県の仙台市

より南側の仙台市、名取市、岩沼市、亘理町、山元町を対象に、復興計画を策定経過と土地利用の観点から検証する。（表：７）

（１）国の復興への取組

東日本大震災発生後の国の復興計画に関する取組は次の通り。

・３月11日、東北地方太平洋沖地震発生。同日、官邸対策室を設置、そして緊急災害対策本部（本部長は内閣総理大臣）を設置。
・３月12日、東北地方太平洋沖地震における災害を激甚災害に指定。
・４月１日、東北地方太平洋沖地震による災害及びこれに伴う原子力発電所事故を「東日本大震災」と呼ぶことに決定。
・４月11日、震災発生から１か月、東日本大震災復興構想会議の開催を決定。第１回目の会合は４月14日に開催。
・４月26日、東日本大震災に対処するための特別の財政支援及び助成に関する法律案を閣議決定。
・６月20日、国会で、東日本大震災復興基本法が可決成立し、24日には公布・施行。復興

表７　宮城県南部地域震災復興計画策定経過

注）●：復興基本方針、▼：復興計画

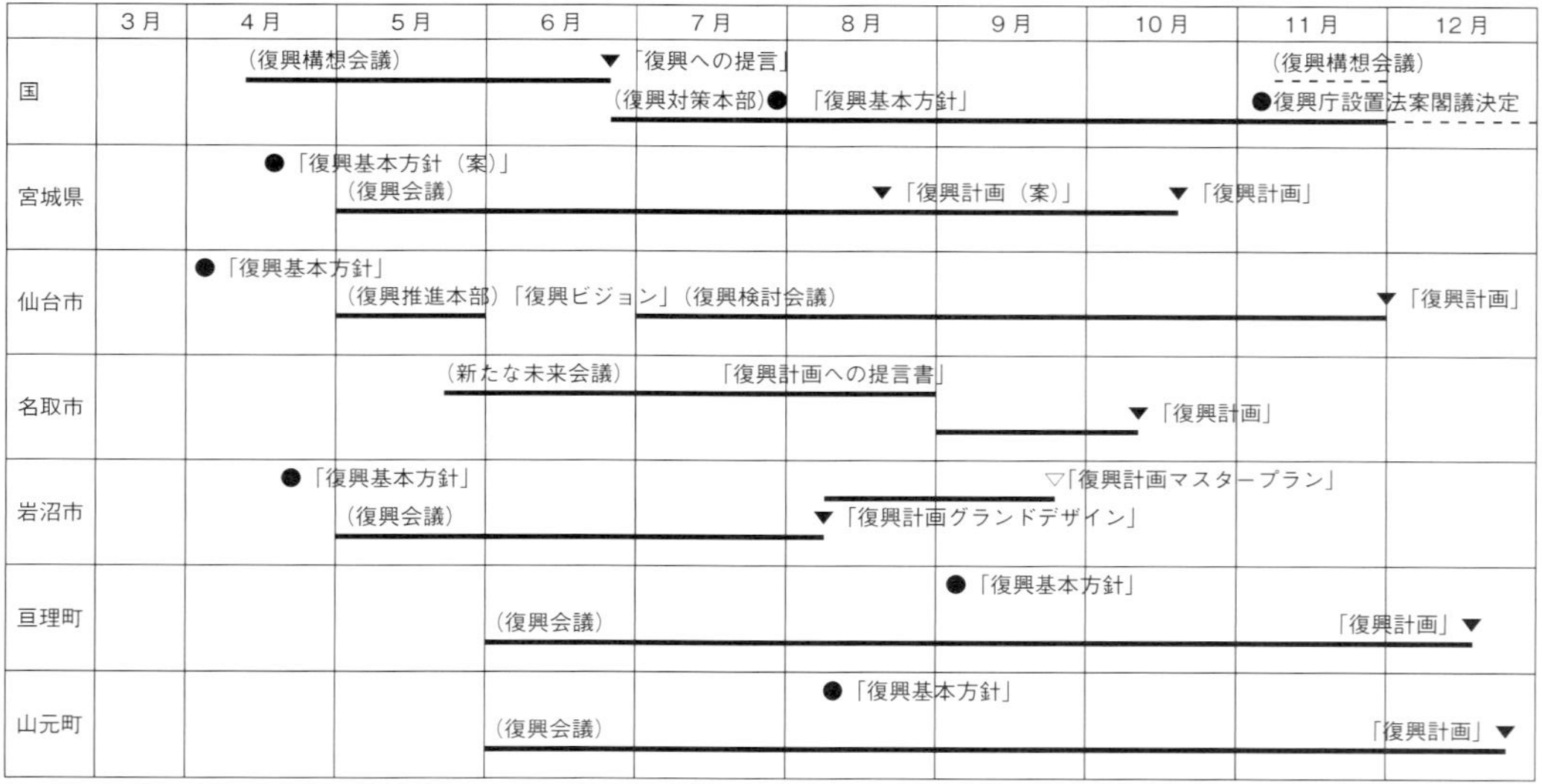

基本法は、発災後3か月以上経過して成立。因みに阪神・淡路大震災の時の復興基本法は、発災後1か月余りで成立。同24日、東日本大震災復興対策本部及び、岩手、宮城、福島現地対策本部を設置。
・6月25日、東日本大震災復興構想会議は第12回目の会合で「復興への提言～悲惨の中の希望」を提出。これで、一旦復興構想会議の役割は終了（その後11月10日に、復興状況をテーマに第13回目の会議を開催）。
・この期間中に、内閣不信任案が提出され、また首相が辞意を表明するなど、政治の混乱が震災対応にもあらわれ、取組の遅れが目立つ。
・7月29日、東日本大震災復興対策本部は「復興の基本方針」を決定。
・9月2日、菅内閣の退陣を受け、野田内閣が発足。
・10月28日、東日本大震災復興特別区域法案を閣議決定した。

表8　国の津波防御の考え方

対象とする津　　波	レベル1津波 近代で最大 （数十年から百数十年に1回程度の発生）	レベル2津波 最大級 （五百年から千年に1回程度の発生）
津波防御施設整備の考え方	防　　災 ・人命を守る ・財産を守る／経済活動を守る	減　　災 ・人命を守る ・経済的な損失を軽減する ・大きな二次災害を引き起こさない ・早期復旧を可能にする

※東日本大震災（平成23年3月11日）で発生した津波は本表ではレベル2に該当します。

・11月1日、復興庁設置法案を閣議決定。

以上が大まかな流れであるが、政治状況も反映し復興計画への取組は遅れた。（表．7）

（2）宮城県の復興計画の策定経過

宮城県では、震災復興基本方針（素案）を4月に発表した。

その後、広く有識者から復興への専門的な意見を徴収するために、「宮城県震災復興会議」を設置し、5月2日に第1回会議を開催した。

その後復興会議は月に1回開催し、7月には震災復興計画（案）について、5つの会場で県民説明会を開催した。そして、8月22日に第4回目の会議（最終）を開催し、「宮城県震災復興計画（案）」をまとめ、そして10月18日の定例県議会で可決し策定した。

計画期間は10年間で、復旧期（3年）、再生期（4年）、発展期（3年）とした。

（3）宮城県南部市町村の復興計画策定経過

ここでは、宮城県南部地域の市町村から先述の仙台市、名取市、岩沼市、亘理町、山元町の5つの自治体を取り上げる。それぞれの自治体の復興経過は次のとおり。

⑴仙台市の復興計画策定経過

仙台市では、震災から３週間後の４月１日「仙台市震災復興基本方針」を発表し、５月には「震災復興推進本部」設置し、３回の会合を開催し、５月30日に「仙台市復興ビジョン」を公表した。その後、６月に市民の意見を聞く会を開催した。

そして、７月からは「仙台市震災復興検討会議」を開催した。

９月16日、第４回目の復興検討会議の時に中間案を公表し、パブリックコメントを求めた。その後、11月14日、第６回目の復興検討会議で震災復興計画の最終案をまとめた。震災復興推進本部は11月17日の第11回会議で震災復興計画（案）を決定し、11月30日の市議会で「仙台市復興計画」を策定した。

⑵名取市の復興計画策定経過

名取市では、震災後、５月22日から有識者、市民等による「新たな未来会議」を設置し復興計画に取り組み、８月23日に市長に復興計画への提言書を提出した。その後パブリックコメントなどを通し復興本部でまとめ、10月11日の市議会で「名取市震災復興計画」を策定した。復興計画は第５次長期総合計画（平成23年～32年）に基本構想と基本計画を踏まえ、復旧・復興の震災対策の特別計画として位置づけている。計画期間は平成23年～29年の７年間とした。

(3)岩沼市の復興計画策定経過

岩沼市では、4月25日に「岩沼市震災復興本部」を設置し「岩沼市震災復興基本方針」を発表した。5月1日には震災復興推進室を設置し、5月7日に有識者、産業代表者、被災者代表による「岩沼市震災復興会議」を設置し、第1回目の会議を開催した。

その後検討が重ねられ、8月7日、市の最上位計画である「岩沼市震災復興計画グランドデザイン」を策定。その後、市では9月26日「岩沼市震災復興計画マスタープラン」をまとめた。

(4)亘理町の震災復興計画策定経過

亘理町では、6月1日に有識者による「震災復興会議」を発足し、6月22日に第1回会議を開催し、本格的な復興計画への取組を開始した。

その後、12月6日まで6回の会議を開催した。その間、住民への意向調査を実施し、9月5日「亘理町震災復興基本方針」を発表した。そして、その後、復興計画（案）を作成し、10～11月にかけて住民との意見交換を行った。

そして、12月14日町議会で決定、16日震災復興本部会議で最終決定し「亘理町震災復興計画」を策定した。

(5)山元町の震災復興計画策定経過

山元町では、５月に「震災復興本部」を発足し、６月には震災復興担当する震災復興推進課及び各課の代表からなる「震災復興検討委員会」を設置した。

また、６月には、復興計画策定のための意見を集約することを目的に、住民による「震災復興会議」、及び「震災復興有識者会議」等の組織を立ち上げ、復興に向けた体制づくりをした。震災復興会議は６月から11月まで７回の会議を開催し、震災復興有識者会議は６月から８月の間に３回の会議を開催した。

そして、８月「山元町震災復興基本方針」を発表した。その基本方針のもと、10月には復興計画（案）を作成し、11月には住民の意見を聞き、12月26日の町議会で「山元町震災復興計画」を策定した。

(4) 国、県、市町の策定経過

前述のように、国、県、そして市町の復興計画策定への取組は自治体によって異なる。それぞれの取組経過の概要は（表-7）の通り。国の取組が遅いと言われる中、各自治体が努力して復興計画を作成策定してきた様子がうかがえる。

国、県、及び市町の関係を見ると、6月に国の復興構想会議が「復興への提言」をまとめる前に、宮城県、仙台市、岩沼市は既に復興基本方針をまとめており、またそれは、国の復興対策本部が復興基本方針をまとめる前であった。

一方で、県と市町の関係を見ると、復興計画の策定が最も早かったのは岩沼市で、8月7日が策定日とされている。これは、県の復興計画が策定された時期より早く、さらにそれ以前の県の復興計画案が決定された8月22日より早い。

そして、名取市の復興計画は、岩沼市と同様に県の復興計画が策定された時期より1週間早いが、それ以前の県の復興計画案決定日より後に策定されている。

また、仙台市、亘理町、山元町における復興計画の策定は、県の復興計画が策定された後である。

以上、国、県及び市町の復興計画策定経過を見ると、国の提言は県及び市町に反映されたが、県、市、町間の足並みは必ずしも揃わなかったようである。

(5) 土地利用計画と津波防御の検証

(1)基本的な考え方

①土地利用計画

安全な市街地の実現には土地利用計画が基本となる。土地利用計画の基本は、安全な内陸部を居住ゾーンとし、海側は被災者を出さないように非居住ゾーンとすることである。

居住ゾーンは、内陸部でも奥の部分が居住地域で、産業活動を行う地域は内陸部でも海側である。そして、海側の非居住ゾーンは防災林や公園としている。

これを基本に、海岸沿いには防潮堤、そして内陸には、防波防御機能を持たせた嵩上げ道路の整備を基本にしている（図・98）。

以上のゾーニングを基に、居住地の移転を促進する地域を設定するのが基本的な考え方である。

②津波防御の考え方

市街地を守るために、国から防波防御の考え方が示された。それは、数十年から百数十年に１回程度発生する近代で最大と言われる「レベル１津波」、そして五百年から千年に１回程度発生する最大級と言われる「レベル２津波」に対応した方法である。

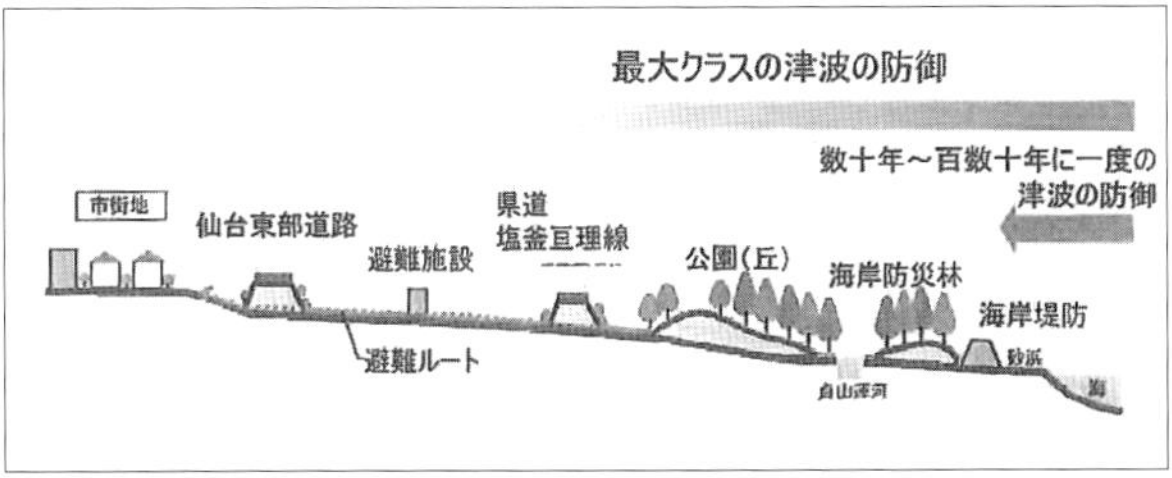

図. 98　津波対策イメージ図（出典：仙台市震災復興計画）

レベル1津波への対応の考え方は「防災」で、人命を守る、財産を守る、経済活動守ることであり、防潮堤や河川堤防で対応することにしている。

レベル2津波への対応の考え方は「減災」で、人命を守る、経済的な損失を軽減する、大きな二次災害を引き起こさない、早期復旧を可能にすることであり、海岸防災林の復旧や嵩上げ道路などの内陸の防潮施設で対応することにしている。（表：8）

(2)各市町の土地利用計画

ここでは、各市町で策定された復興計画における土地利用計画から、防災に関連する項目を取り上げる。

①仙台市

仙台市における津波対策は、海岸には数十年から百数十年に一度の津波の防御のため海岸堤防を設置し、海岸と内陸にある仙台東部道路の中間にある県道塩釜亘理線を嵩上げし、東部道路とともに、最大クラスの津波を防御する計画である。

土地利用を見ると、海岸から県道塩釜亘理線の間のゾーンは防災施設と公園緑地のゾーンとし、海岸防災林と公園（丘）を整備する。県道塩釜亘理線と仙台東部道路の間のゾーンを農業再生ゾーンとし避難施設を整備する。そして、仙台東部道路より内陸を市街地ゾーンとし新たなまちづくりをすることにしている（図．99）。

②名取市

名取市における津波対策は、海岸に１次防御ラインとして、仙台湾に数十年から百数十年に一度程度発生している規模の津波（津波防護レベル）への対策として堤防を強化する。そして、２次防御ラインは、それ以上の巨大津波（津波減災レベル）で１時防御ラインを超えた場合にも多重的に防御するようにし、海岸と仙台東部道路との間にある南北に通る道路を嵩上げす

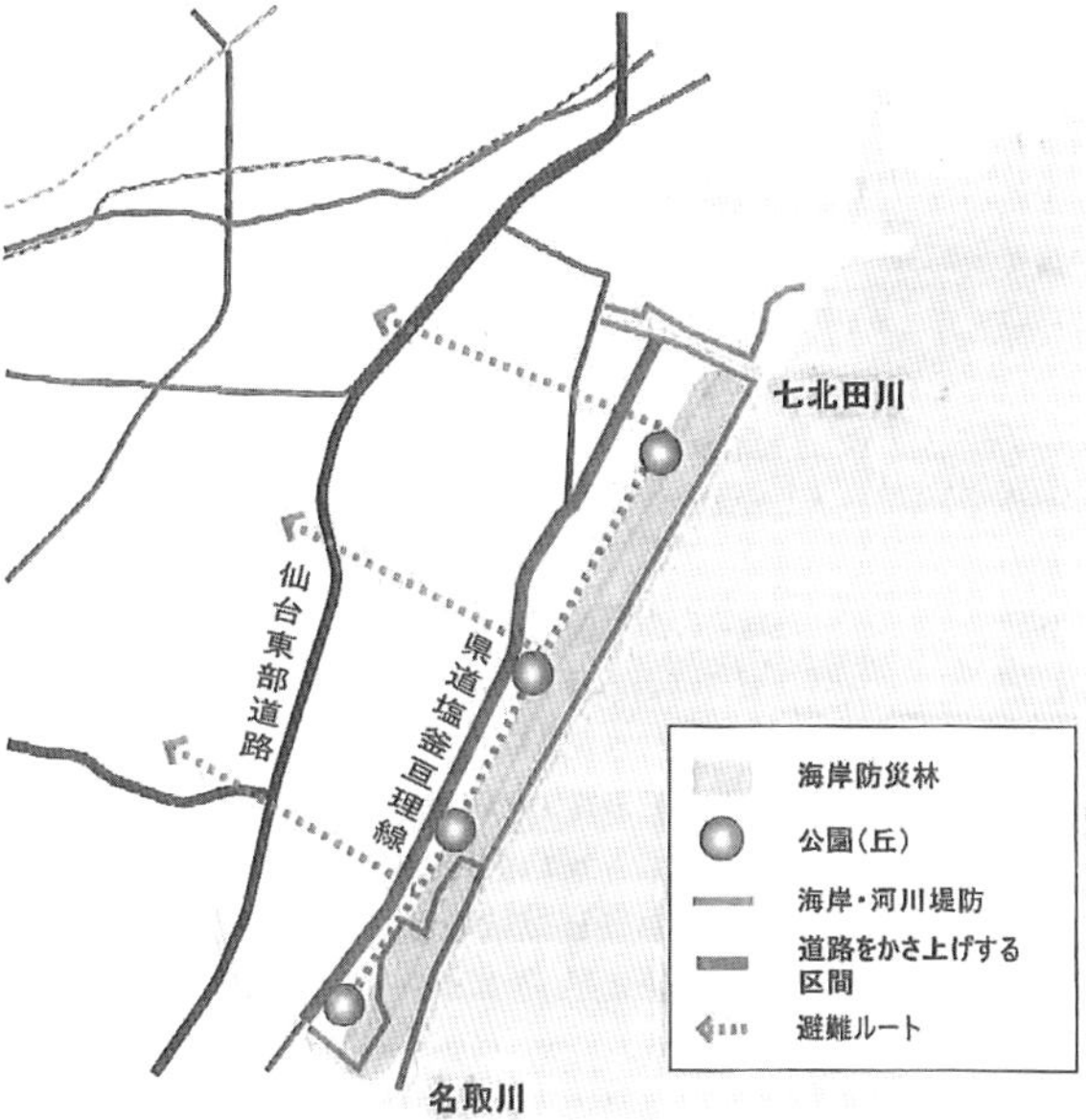

図．99　仙台市津波対策イメージ図
（出典：仙台市震災復興計画）

る。この嵩上げする道路は、南側の岩沼市との境界にある仙台空港の東側を迂回するように計画している。

土地利用を見ると、1次防御ラインから2次防御ラインの間は基本的には自然体験型公園ゾーン、そして居住を制限し地域産業を再生し新たな産業を興すゾーンとし、2次防御ラインから内陸が農地再編ゾーンで、農地集落の安全性強化により居住機能再建ゾーンとしている（図．100）。

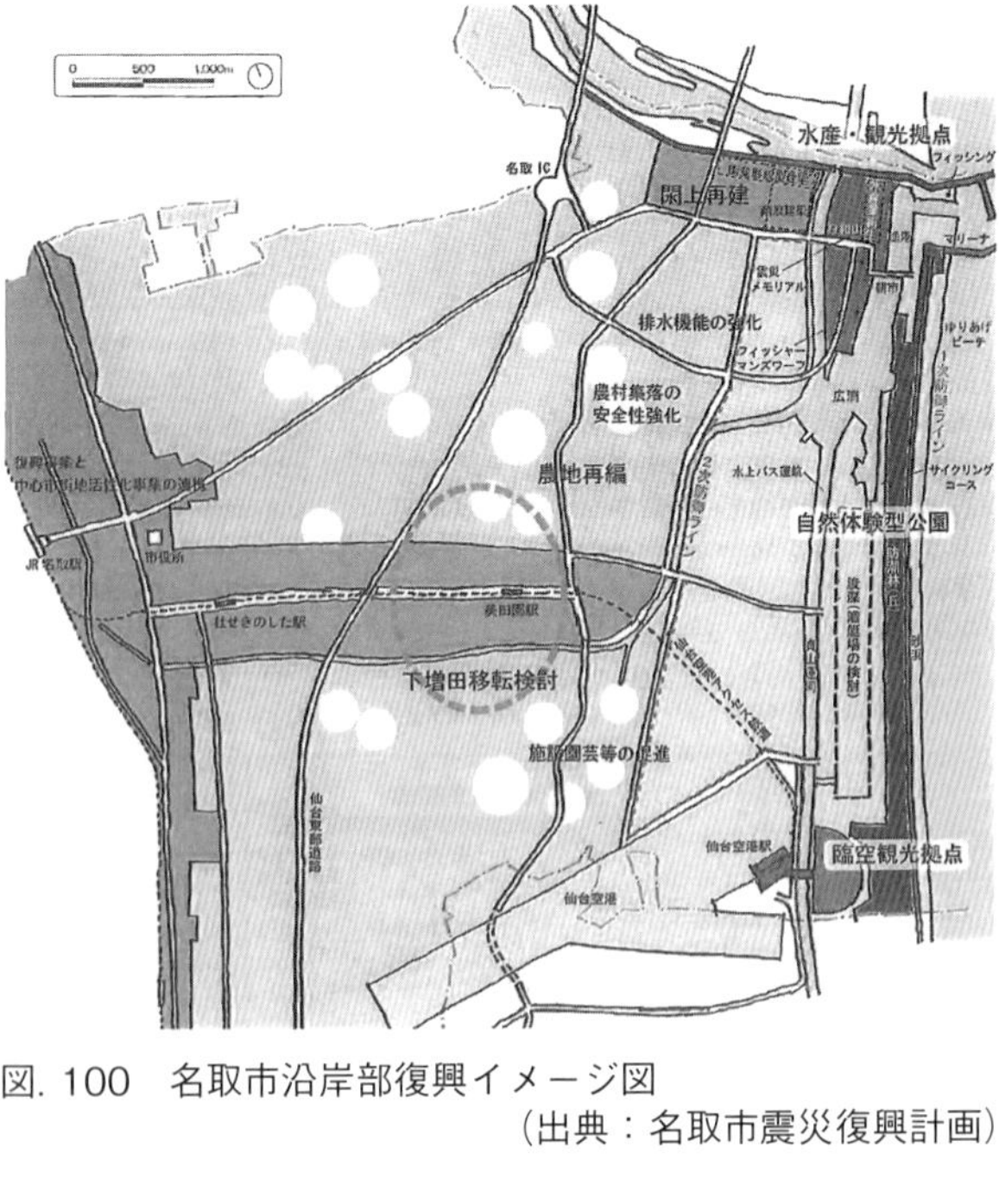

図. 100　名取市沿岸部復興イメージ図
（出典：名取市震災復興計画）

③岩沼市

岩沼市における津波対策は、津波の破壊を減衰させる多重防御として、国による海岸防潮堤の整備、県による貞山堀護岸の整備、市による市道空港三間茶屋線の嵩上げを計画している。嵩上げにより整理する区間は主要地方道仙台空港線から県道塩釜亘理線迄の区間である。

一方で、主要地方道仙台空港線、県道岩沼海岸緑地線、県道塩釜亘理線を、東部地区から、中央部や西部地区への避難道路として位置付けている。

そして土地利用を見ると、海岸から市道空港三間茶屋線の間は、メモリアルパーク（千年希望の丘）や農地や農家の再生ゾーンとし排水機能を整備し、市道空港三間茶屋線より内陸部に防災集団移転も検討することにしている。

市道空港三間茶屋線より内陸部は、農地や農家の再生と市街地ゾーン等としている（図・101）。

④亘理町

亘理町における津波対策は、国の津波防御の考え方（表・8）に従い、数十年から百数十年に一回程度発生する近代で最大と言われるレベル１津波、そして五百年から千年に一回程度の発生する最大級と言われるレベル２津波に対応した方法である。

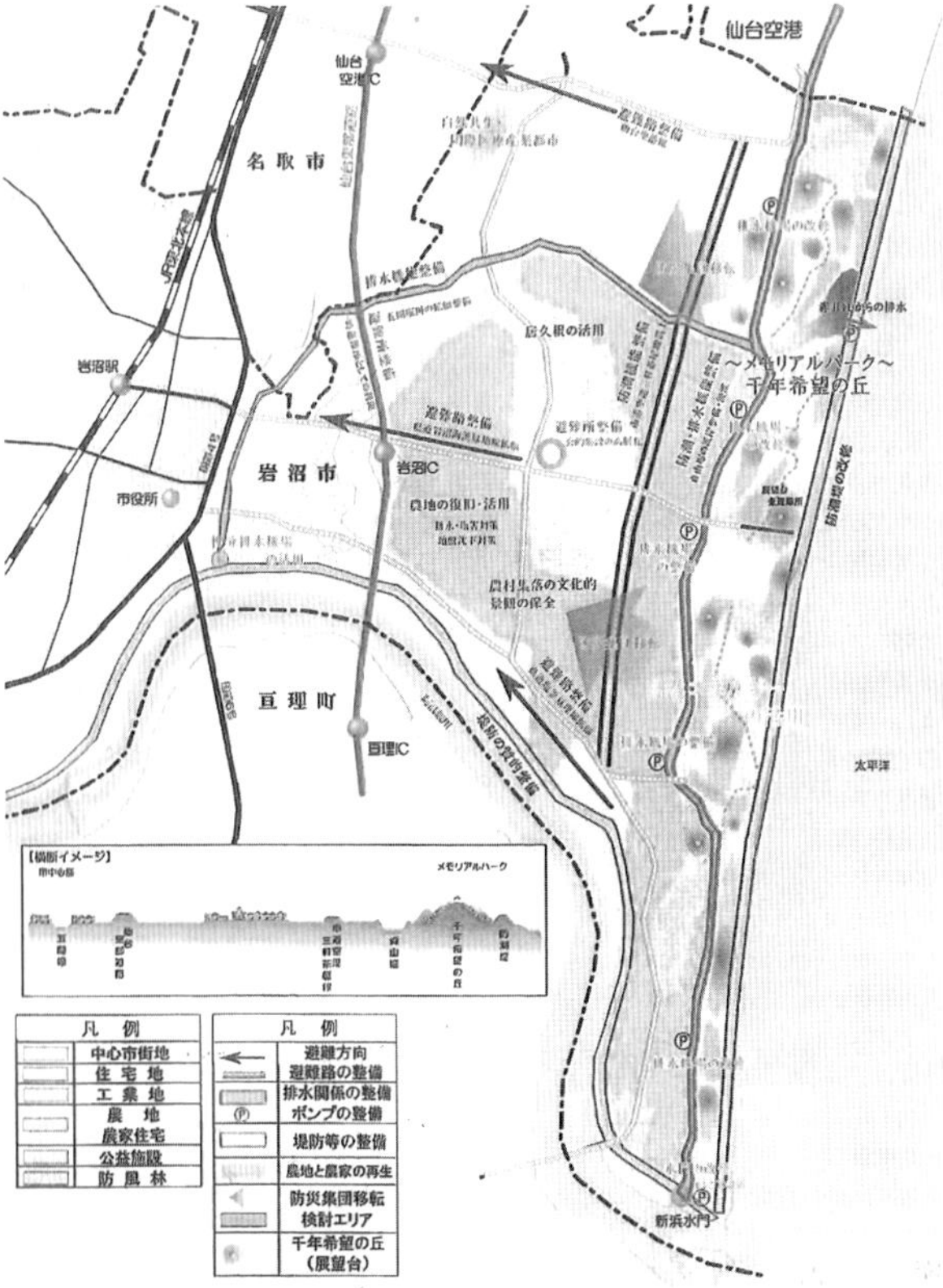

図. 101　岩沼市復興イメージ図
（出典：岩沼市震災復興計画マスタープラン）

１次防潮施設として防潮堤と河川堤防はレベル１津波に対応し、１次防潮施設では防ぎきれないレベル２津波に対する２次防潮施設として、海岸防災林の復旧、嵩上げ道路の整備を計画している。

そして土地利用を見ると、海岸沿いの防潮堤から内陸部の嵩上げ道路までは、レベル２津波に対応し、防災林の整備と津波による浸水等を踏まえ、移転を促進する地域などの土地利用としている（図．102）。

⑤山元町

山元町における津波対策は、津波被害の減災を図るため、多重防御による対策としている。例えば、防潮堤の背後には起伏を持たせた緑地帯の整備等による緩衝地帯としている。また、県道相馬亘理線を嵩上げし、二線堤機能を持たせ避難のための時間を確保することにしている。そして土地利用を見ると、海から嵩上げする県道相馬亘理線までを防災緑地ゾーン、そして内陸部に向かって産業用地ゾーン、居住地ゾーンに分けている。

防災緑地ゾーンの中に、自然を活かした交流施設や、震災の記憶を後世に伝えるモニュメント等を整備することにしている（図．103）。

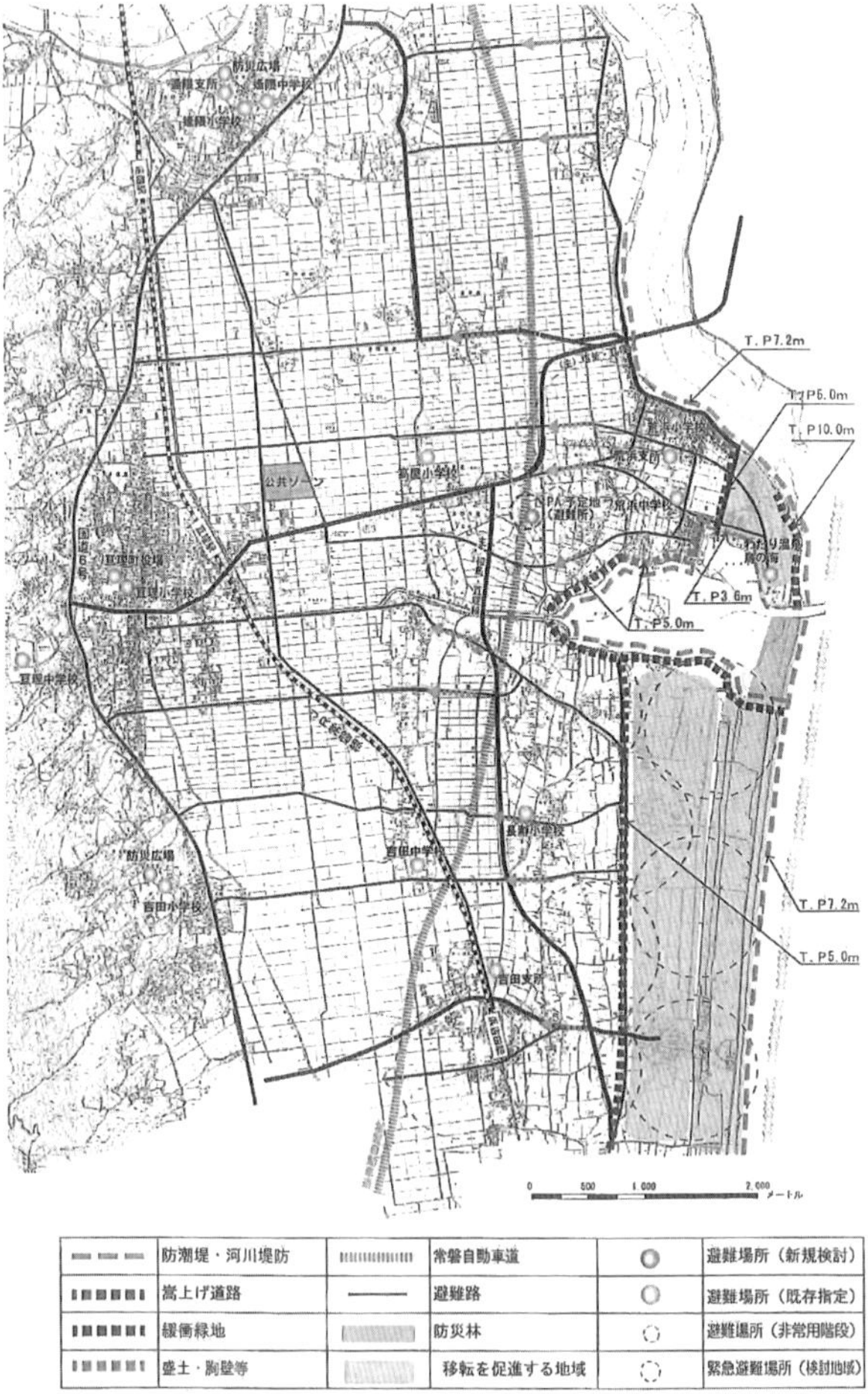

図. 102　亘理町防災施設整備方針図

（出典：亘理町震災復興計画）

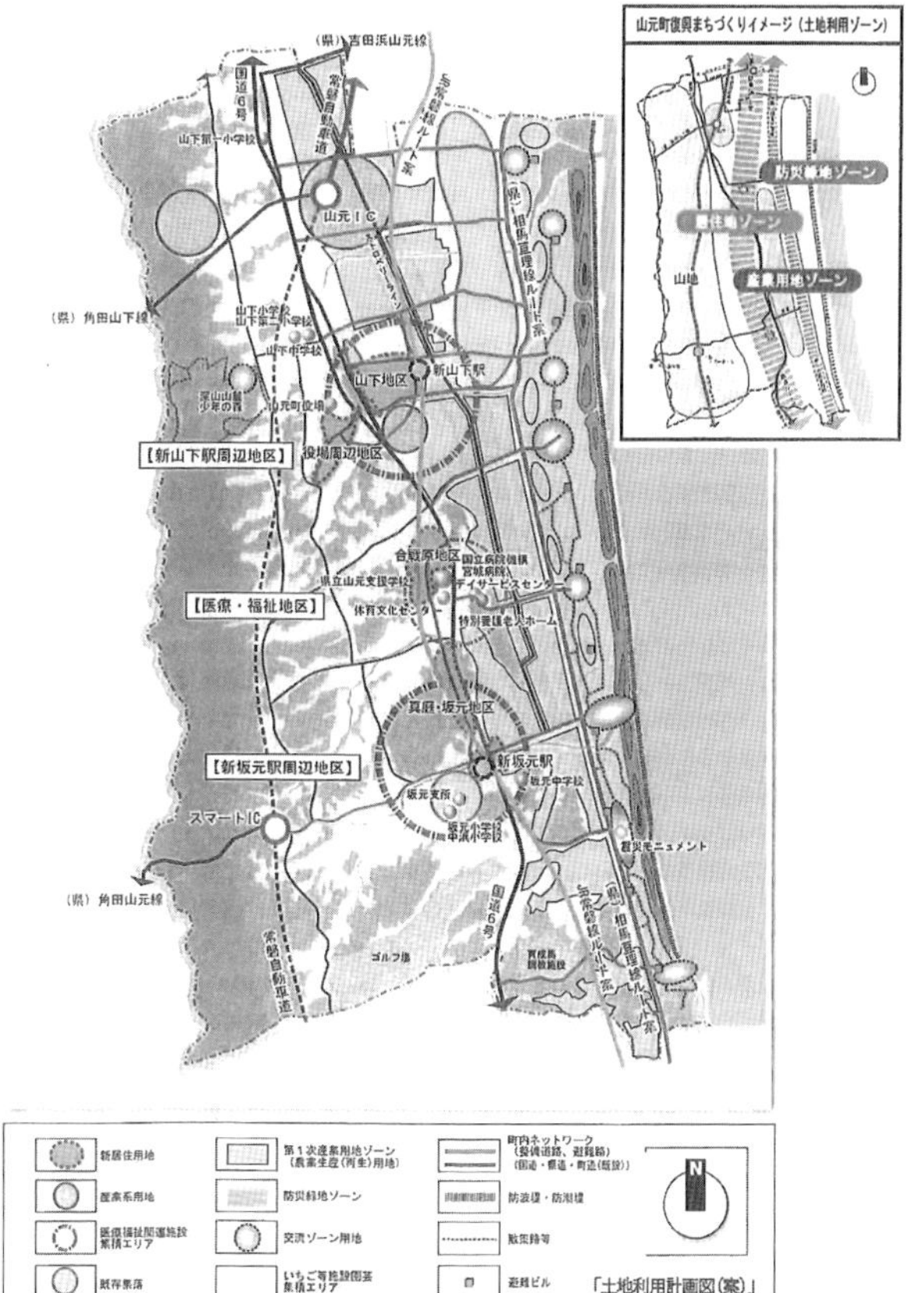

図. 103　山元町復興イメージ図
（出典：山元町震災復興計画）

以上のように、防災に関する土地利用計画を見ると、それぞれの自治体が独自性を発揮した計画を策定している。その中でも、海岸沿いの防潮堤、そしてその防潮堤と仙台東部道路との間にある南北道路を嵩上げすること、そして、海岸から嵩上げされた南北道路までの間を居住ではなく、津波対策ゾーンとして防災林や公園緑地としているところは共通の計画となっている。

⑶連続した地域としての土地利用計画

これまで各自治体を独立した自治体として個別に見てきたが、ここでは、各自治体を連続した地域として見た場合どうなるかを検証する。

国津波防御の考え方（表：8、図：98）によれば、レベル1津波対応としては防潮堤と河川堤防、レベル2津波対応としては二線堤として嵩上げ道路が該当する。しかし、各市町の復興計画の境界部分を見ると、レベル2津波対応の嵩上げ道路にあっては、次のように隣接市町間で繋がらない状況もあった。（図：１０４）

①A部分

図：１０４のA部分の仙台市と名取市の境界には名取川がある。この名取川をはさむ海岸と仙台東部道路の間にあるレベル2津波対応の両市の嵩上げ道路を見ると、仙台市からの県道塩釜亘理線と名取市の閖上地区の東側の道路が繋がらない（図：１０５）。

名取市の閖上地区の中央部分には、仙台市へ通じる名取川の橋から続く道路がある。しかし、閖上地区の一体的開発のため、嵩上げ道路を閖上地区の中央を通すのではなく東側を通したのであろう。

しかし、嵩上げ道路が繋がらないとはいえ、名取市の嵩上げ道路は名取川の河川堤防に接続している。そのため、津波防御上は問題なさそうである。

そして、名取市の嵩上げ道路は南下して仙台空港のところで、鋭角に曲がっている。既存道

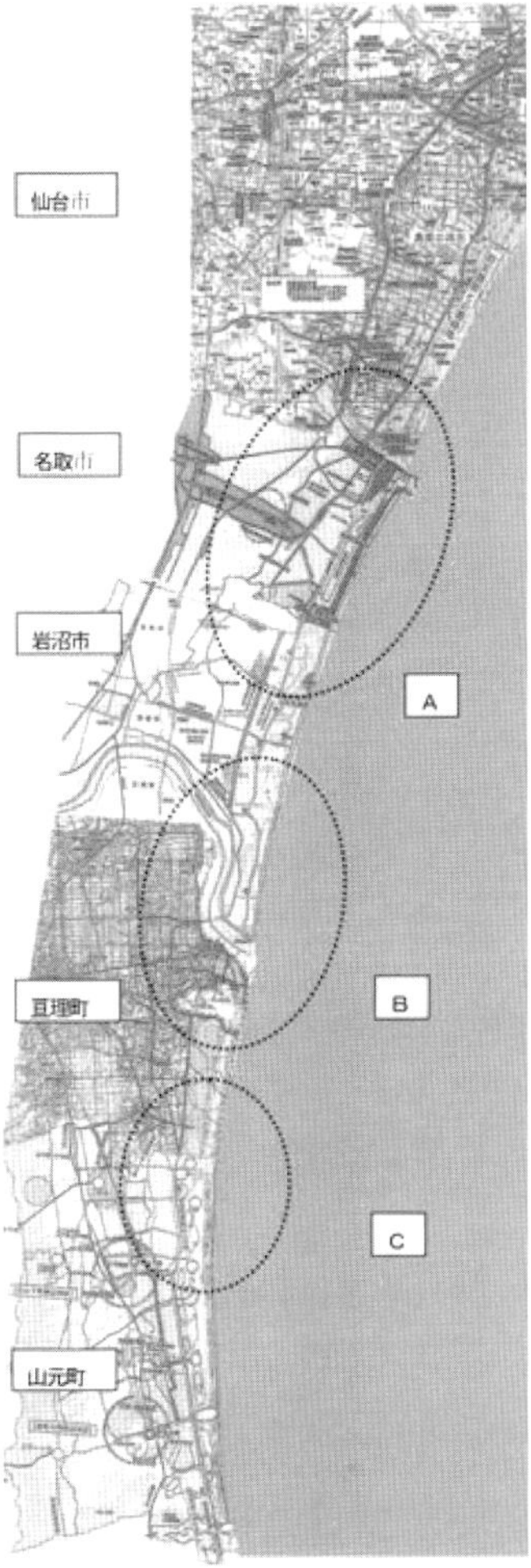

図. 104　宮城県南部地域の復興計画の土地利用計画図

路の嵩上げのため鋭角になったのだろうが、計画的には気になるところである。

また、名取市と岩沼市との境界には仙台空港がある。名取市では、仙台空港を守るように嵩上げ道路を空港の海側を回し岩沼市と連結するように計画している。しかし岩沼市では、嵩上げ道路を市の境界部分まで延長せず、市内の仙台空港の南側の避難道路のところで止め、空港守るように海側を回していない。そのため、名取市と岩沼市の嵩上げ道路が繋がらない。

これでは、仙台空港は名取市側からは津波防御の計画で守られたとしても、岩沼市側からの津波防御には不安を抱かせられる（図．105）。

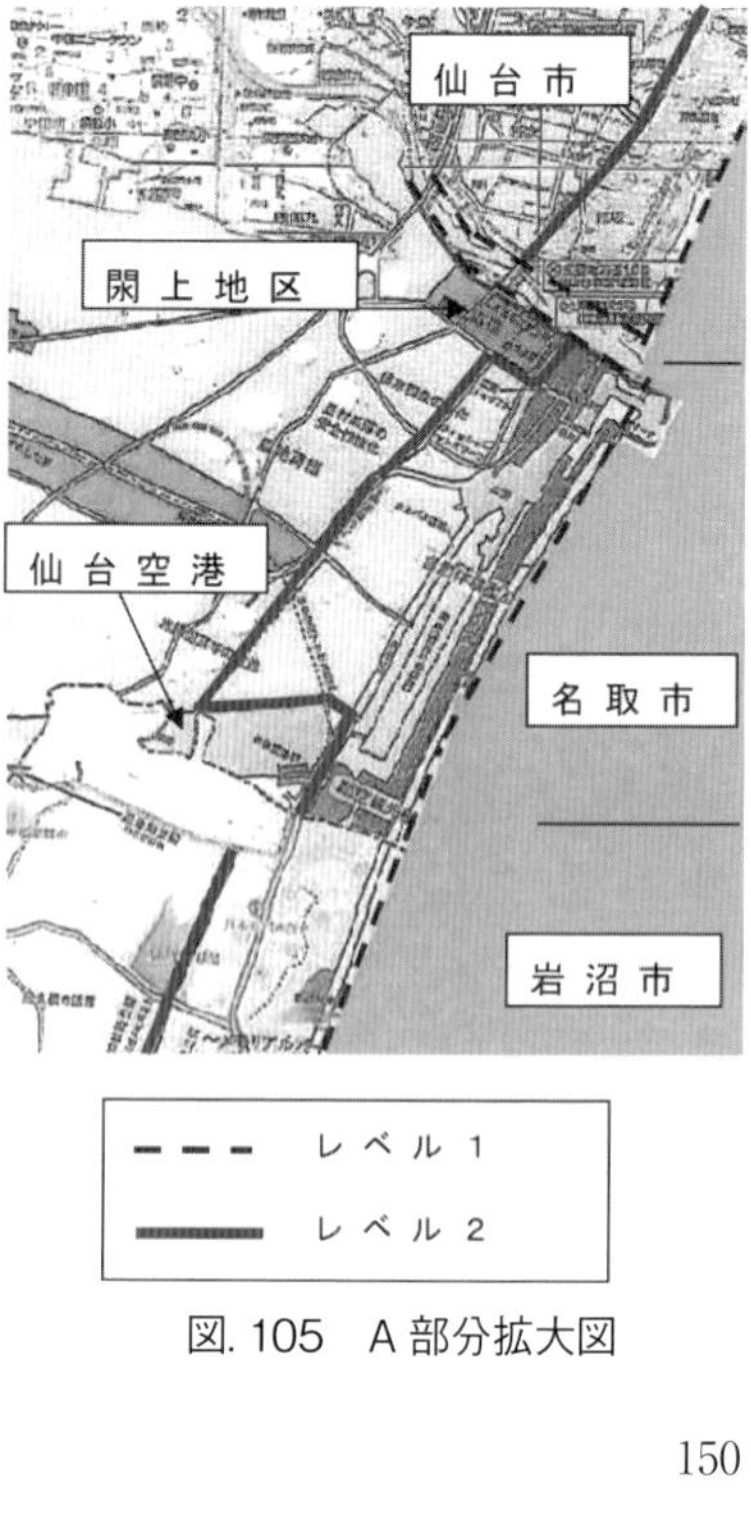

図. 105　A部分拡大図

②Ｂ部分

図．１０４のＢ部分の岩沼市と亘理町の境界には、阿武隈川がある。この阿武隈川をはさむレベル２津波対応の両自治体の嵩上げ道路が繋がらない。阿武隈川に架かる橋は、それぞれの市町の嵩上げ道路より離れているところにある。

岩沼市は名取市側の境界と同じように、嵩上げ道路を境界部分の阿武隈川の河川堤防まで延長せず、市内の避難道路のところで止めている。そのため、この部分から岩沼市内部の居住地への津波防御には不安を抱かせられる。

一方、亘理町では阿武隈川の橋まで嵩上げ道路を計画すると既存市街地を分断することになる。そのため、既存市街地を守るように嵩上げ道路を海側に計画している。しかし、阿武隈川の河川堤防と嵩

図．106　Ｂ部分拡大図

上げ道路が繋がり、津波防御上は問題なさそうである（図．１０６）。

③Ｃ部分

図．１０４のＣ部分の亘理町と山元町の境界を見ると、特に妨げるものはなく、両自治体のレベル２津波対応の嵩上げ道路が繋がっている（図．１０７）。

両町を県道相馬亘理線が通っている。山元町では同県道の嵩上げを計画しているが、亘理町では同県道が内陸の奥深い場所を通っているため、別の海岸に平行になる道路を嵩上げし、山元町の県道相馬亘理線に接続するように計画している。

亘理町と山元町の津波防御の方法は一体的である。復興計画の策定は12月のほぼ同じ時期であり、嵩上げ道路は両町により調整されたとのことである。

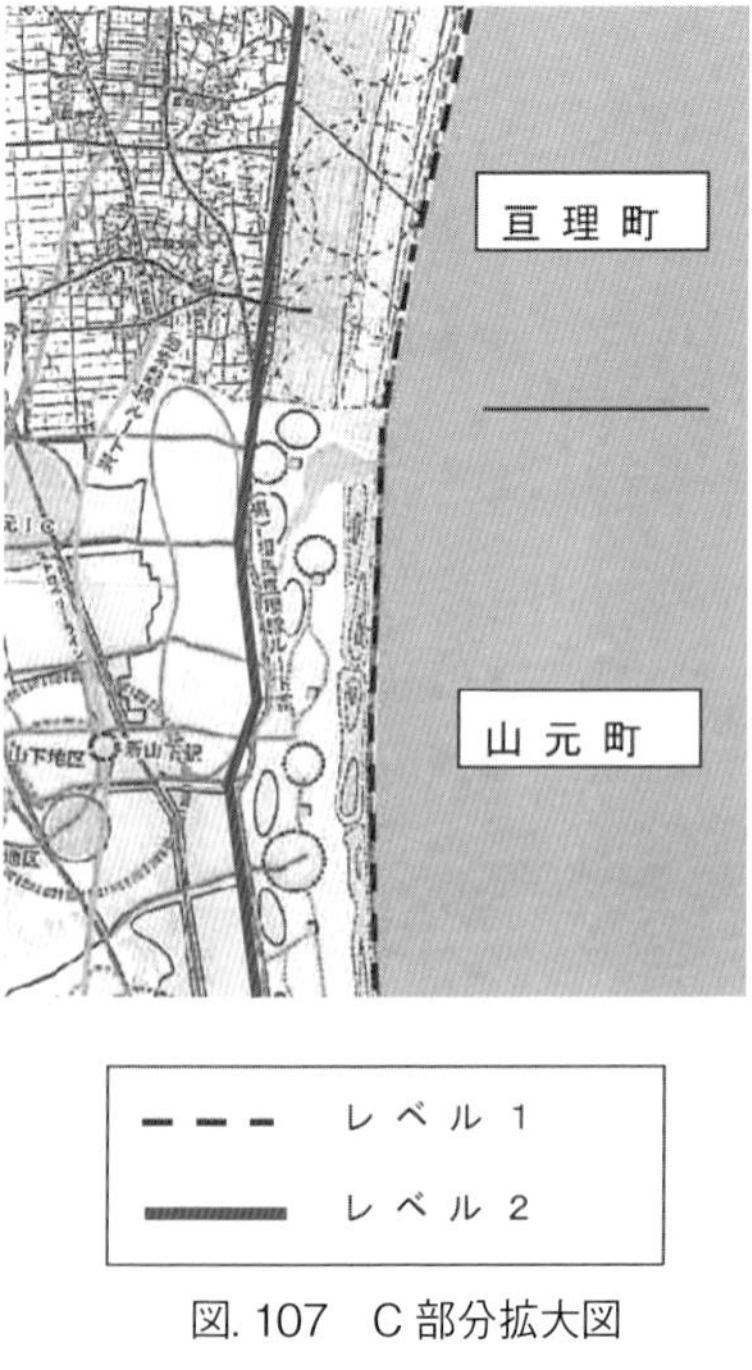

図. 107　C 部分拡大図

（6）広域的な津波対策としての考察

宮城県南部地域の各自治体の復興計画を見ると、様々な状況を見ることが出来た。土地利用計画はほぼ共通であったが、津波防御の方法を見ると、レベル1津波対応は共通であったが、レベル2津波対応は自治体によって違いが見られた。特に、自治体の境界まで計画されていない岩沼市が隣接自治体間と一体的な計画ではなかった。

岩沼市の場合は取組みが早く、県の「復興計画」策定よりさらに前の、復興計画案が決定される前の8月上旬に「復興計画グランドデザイン」が策定された。この時期における隣接する自治体の復興計画への取組みは初期段階で、調整は出来るものではなかったであろう。その反面、亘理町と山元町は復興計画の策定が遅かったが（表．7）、境界部分は調整された。

また、岩沼市より後に復興計画を策定した名取市では、仙台空港の海側を通している嵩上げ道路が岩沼市側に延ばされている（図．100）。これは岩沼市への嵩上げ道路連結の希望であろうか。名取市の委員に聞くと、先に策定した岩沼市からの調整の話は無かったとのことである。

地方分権により復興計画がそれぞれの自治体の責任で策定することになっている。それはそれで良いのであろうが、今回の東日本大震災の復興計画の策定では、隣接自治体との調整が行われず、復興計画は境界部分の整合がとれない結果になった。

これは、国や県の方針が遅れたからであって、そのような面からは国や県に責任がある。しかし、それぞれの自治体で復興計画の策定に携わっている方々にも隣接自治体との関係を調整する責任が無いとはいえないだろう。都市計画は、隣接自治体との関係を調整することも含まれるからである。

また、岩沼市の復興計画策定の委員には、県や他の町の委員も兼ねているメンバーもいる。そのため、県の委員会の場での調整が期待されるが、現実的には調整されなかったようである。一方で、県の委員会に委員が入っていない市町もあった。このように市町を超えた地域としての津波対策を見ると、県の委員会のメンバーに入っていない自治体があったというあり方も、一体性が無く整合性が取れない計画の策定された結果につながった一因とも考えられる。

このように各自治体がお互いに調整することなく復興計画を策定していることから、宮城県では、9月下旬、「復興まちづくり検討業務」として、12市町村（気仙沼市、石巻市、東松島市、多賀城市、塩竈市、名取市、岩沼市、七ヶ浜町、南三陸町、女川町、亘理町、山元町）を対象にコンサルタントに委託して復興まちづくりの支援、調整をしようとした。しかし、既に策定している自治体もあり、調整は不調に終わったとのことである。

(7) 結びにかえて

被災者が自らの復興の青写真を描くためには、自治体の復興計画が早期に策定されなければならない。しかし、今回の東日本大震災では、国の方針を出すの遅かった。そのため、各自治体は国の方針と異なる復興計画は策定出来ないとして、復興計画の策定作業は遅れがちになり、住民が目標を見出せない時期が長かった。

しかし、被災した住民を前に、計画の遅れは国だけの責任とは言えず、自治体は独自に計画を進めて行かなければならなかったし、そうするべきであった。

その中でも、復興計画をいち早く策定した自治体もあった。しかし、スピード感を持って取り組んだことは評価されるが、その分、隣接する自治体との調整に欠け、結果的にその自治体は独走することになった。今回の、宮城県南部地域での各自治体の復興計画は、これからの津波災害における復興計画策定のあり方を示唆している。

津波の被害を少なくするためには、自治体の枠を取り去り、隣接する自治体が一体となって津波の災害対策を講じることが求められる。そのためには、次のようなことが必要となる。

①国、県レベルでの計画の早期作成

市町村を超えた県そして国レベルで計画を迅速に作成し、指針を示す。このように国や県の上位計画の策定が早ければ、市町村レベルでの復興計画には一体性が期待できる。
②隣接自治体間での調整
国や県の方針が遅れたとしても、隣接自治体は責任を持ってお互いに調整を図る。お互いの境界部分の調整は自治体の責任という意識を持つことが必要である。
③県が市町村の計画に責任を持つ
一般的に国や県レベルの上位の委員会は方針を出しあとは市町村にまかせて終了である。しかし、方針を出して終了とせずに、市町村レベルでの計画ができたら最後に県の委員会で責任を持って調整する。また2県以上にまたがる場合は国が調整し責任を持つべきである。
④県の委員会に市区町村の委員を入れる
今回の宮城県南部地域では県の委員会に委員を入れていない市町もあった。広域的な調整の必要性から、市区町村を代表する委員を県の委員会に含めることが必要である。
⑤復興計画は必要に応じて修正版を作成する
一旦復興計画を策定したとしても、それを最終版とするのではなく、地域防災計画のように必要に応じて見直し、継続的に修正版を策定して行くことが求められる。

今後、復興計画は実施計画策定の段階に入る。自治体の中には、「国、県、隣接市町村と調整して決める」という方針の自治体もある。そのため、各自治体は、実施計画策定の機会を見て、隣接自治体との境界部分を調整し一体化された実施計画を策定することが望まれる。

〈参考資料〉

(1)「仙台市震災復興計画」（平成23年11月）仙台市
(2)「名取市震災復興計画」（平成23年10月）名取市
(3)「岩沼市震災復興グランドデザイン」（２０１１年８月７日）岩沼市
(4)「岩沼市震災復興計画マスタープラン」（平成23年９月）岩沼市
(5)「亘理町震災復興計画」（平成23年12月）宮城県亘理町
(6)「山元町震災復興計画」（平成23年12月）山元町
(7) 三船康道「東日本大震災の復興計画策定における地方分権の課題」安全工学 vol.51 No.5（２０１２）安全工学会
(8) 三船康道「宮城県南部地域の復興計画にみる地方分権の課題」東日本大震災特別論文集№１、２０１２・８、地域安全学会
(9) 三船康道他「東日本大震災における宮城県南部地域の復興計画の検証」、２０１２年日本建築学会大会学術講演梗概集

（月刊誌「近代消防」２０１２年５月号掲載原稿を加筆修正）

3　三陸地域の復興計画の検証

前回は広大な仙台平野にいくつかの自治体が連なる宮城県南部地域に焦点を当て、土地利用計画の中から特に津波防御の方法に焦点をあてて復興計画の検証を行った。その中で、隣接自治体との調整の必要性が課題として浮かび上がった。

今回は、リアス式海岸で構成される三陸地域について復興計画の検証をしたい。リアス式海岸の場合、それぞれの入江で自治体が独立しているため、各自治体の復興計画が隣接自治体に影響を与えることは少なく、隣接自治体との関係を気にせず独自に復興計画を立案できる。そして、平野部は狭く後背地には山が控えているという特徴を持っているため、その地形的条件を生かした復興計画が求められる。

ここでは、これまで復興計画を策定した中から、岩手県から、山田町、大船渡市、陸前高田市、宮城県から南三陸町、女川町を取上げ、三陸地域の土地利用計画に影響を与える「津波防御の方法」、「鉄道の計画」、「高台移転」という観点から復興計画を検証する。

表９　三陸地域震災復興計画策定経過

注）●：復興基本方針策定、▼：復興計画策定

	3月	4月	5月	6月	7月	8月	9月	10月	11月	12月
国		（復興構想会議）		▼「復興への提言」 （復興対策本部）	●「復興基本方針」				（復興構想会議） ●「復興庁設置法案閣議決定」	
岩手県		●「復興に向けた基本方針」 （東日本大震災津波復興委員会）				▼「復興計画」				
山田町			●「復興基本方針」 （復興本部）							「復興計画」▼
大船渡市		●「復興基本方針」	（復興計画策定委員会）					▼「復興計画」		
陸前高田市			●「復興計画策定方針」			（復興計画検討委員会）				「復興計画」▼
宮城県		●「復興基本方針（案）」	（復興会議）			▼「復興計画（案）」		▼「復興計画」		
南三陸町			●「復興基本方針の骨子」 （復興計画策定会議）							「復興計画」▼
女川町			（復興計画策定委員会）	●「復興方針」			▼「復興計画」		▼「復興計画変更」	

（1）各自治体の復興計画

国、県、それぞれの自治体の復興計画策定経過は（表.9）の通り。市町の中では、9月に女川町、10月に大船渡市が策定され早いほうで、他の自治体は12月に策定されている。

① 山田町

山田町は、山田地区の中心部の広いエリアが津波火災により焼失した町である。

町では、復興に向けての基本方針を平成23年5月23日に発表した。そして復興計画の行政素案を9月22日に作成し、住民懇談会を経て、12月22日に復興計画を策定した。

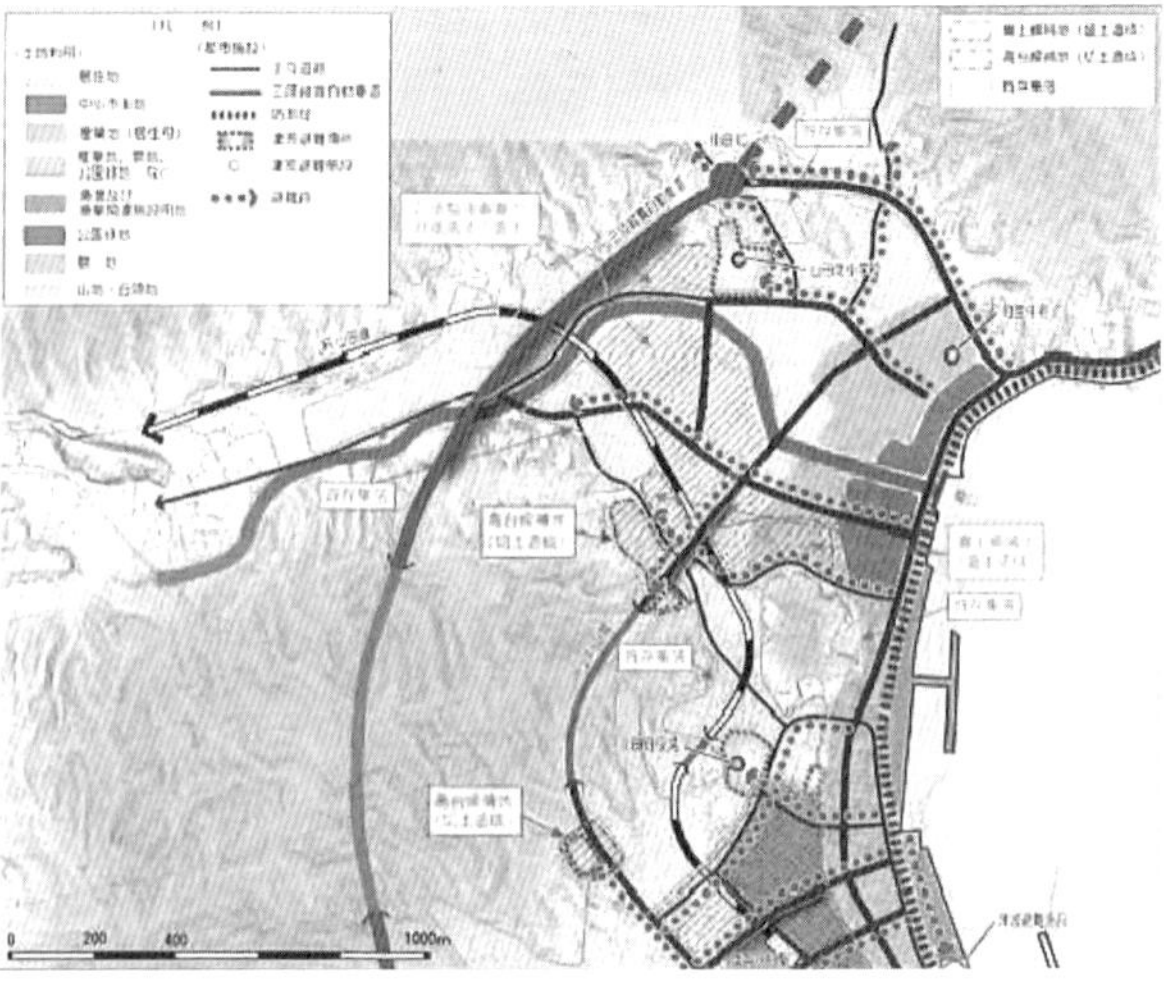

図. 108　山田町山田地区復興イメージ図
（出典：山田町復興計画）

津波防御の方法として、基本的には、レベル1の津波（数十年から百数十年に1度の発生頻度の高い津波）は防潮堤と地盤の嵩上げで防ぎ、レベル2の津波（今回の津波のように五百年から千年に一度の発生頻度の最大級の津波）は地盤の嵩上げや高台移転、そして避難対策の強化によって対応するとしている。

土地利用では、住宅地は津波による危険性の低い区域に配置するとしている。具体的には被災を免れた既存集落は極力現在の配置を維持し、被災した一部の地域を嵩上げし、また高台移転により新たな住宅地を確保するとしている。

交通体系として、災害時緊急輸送・広域

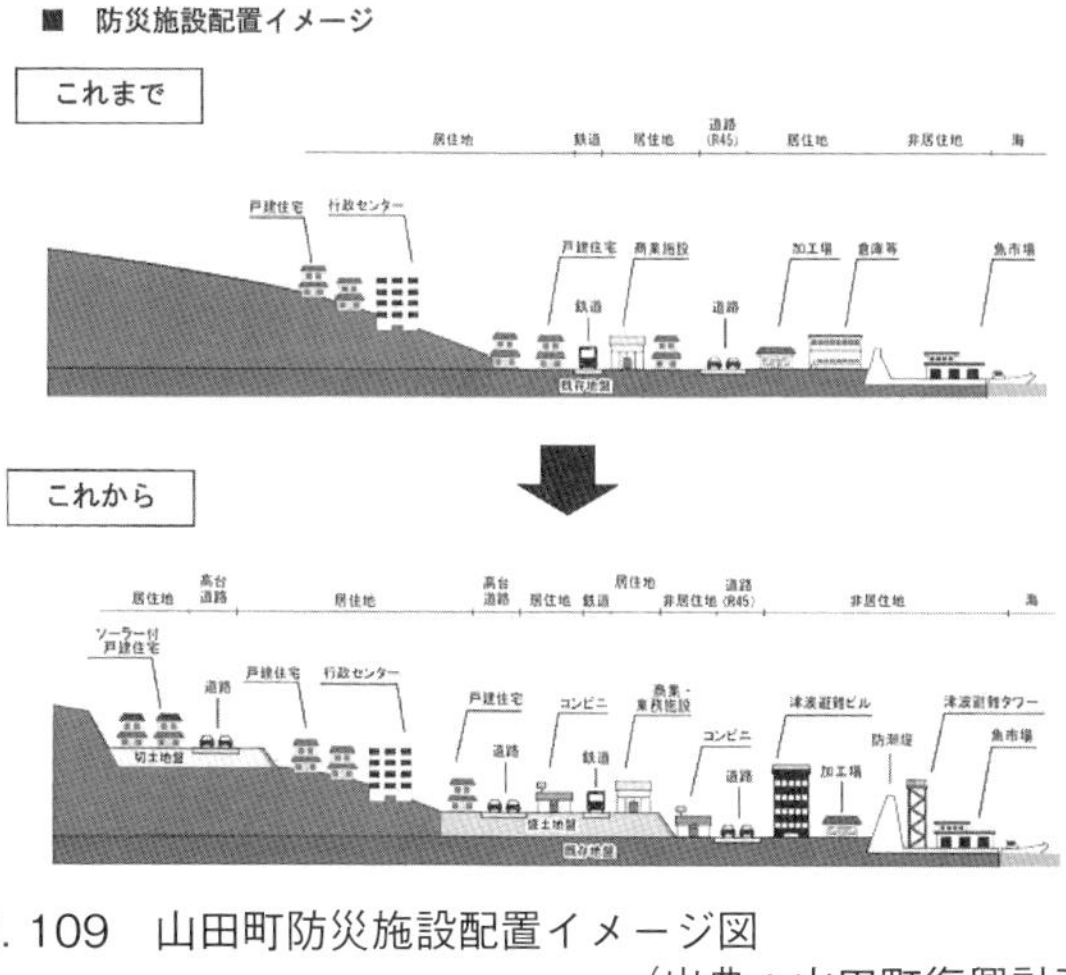

図. 109　山田町防災施設配置イメージ図
（出典：山田町復興計画）

避難機能を担う幹線道路として三陸縦貫自動車道を位置付け、広域幹線道路として国道45号の現在のルートを維持し、高台を連絡し国道45号の代替道路となる市街地・集落地間連絡道路を整備し、高台~低地部連絡道路を整備することにしている。そして、JR山田線は現在ルートを基本として早期復旧としている。

中心部の山田地区は海側から山田漁港は水産業の復興に不可欠な施設として再生し、漁港に隣接する国道45号沿道は産業地とし、JR陸中山田駅周辺は町の中心商業・業務地とし、さらに山側は安全な住宅地を確保することにしている（図-108、109）。

② 大船渡市

大船渡市は、平場の工業地域及びその周辺が大きな被害を受け、また小さな漁村が被害を受けた。

市では、平成23年4月20日に復興基本方針を発表し、その後復興計画策定委員会を設置し、検討を重ね、10月31日に市議会で復興計画を策定した。

都市基盤の復興では、「被災した都市基盤施設を早期に復旧するとともに、防災機能向上のために必要な整備を行う」「土地利用のあり方を検討の上見直す」「情報通信基盤の整備を進める」としている。そして防災まちづくりでは、「今回の災害による教訓を生かし、新たな防災体制を整える」「防災教育や防災訓練を積極的に推進する」「地域コミュニティ機能の維持・強化を図る」「ライフラインや交通・物流などの機能を強化する」「広域的な観点を重視した災害時の応援・サポート体制を整える」としている。

津波防御の方法については、他の自治体とは異なり、国の考え方のレベル１及びレベル２の内容は、復興計画の付属資料の中の別冊にコメントで組み入れている。

復興計画の策定時期は早いほうで、内容に具体性は少ないが、これは住民対応を考え、早期に基本的な計画を策定し、詳細はその後に詰めようという姿勢であろう。

中心部（盛地区、大船渡地区①、赤崎地区②、猪川地区①）の土地利用方針図を見ると、津波防御は、海沿いに防潮堤を計画し、防潮堤から少し離れた内陸にＪＲ大船渡線・道路による防災機能を付加するとしている。嵩上げによる２線堤を意識しているのか、津波は海沿いに２段構えの方法で防御する計画でありそれが特徴である。また、平場の工業地域と商業地域はそのまま存続し、浸水想定区域における住宅は高台移転である。高台移転希望者のために可能性のある地区を上げている（図・110）。

断面を示す図は特に作成していない。

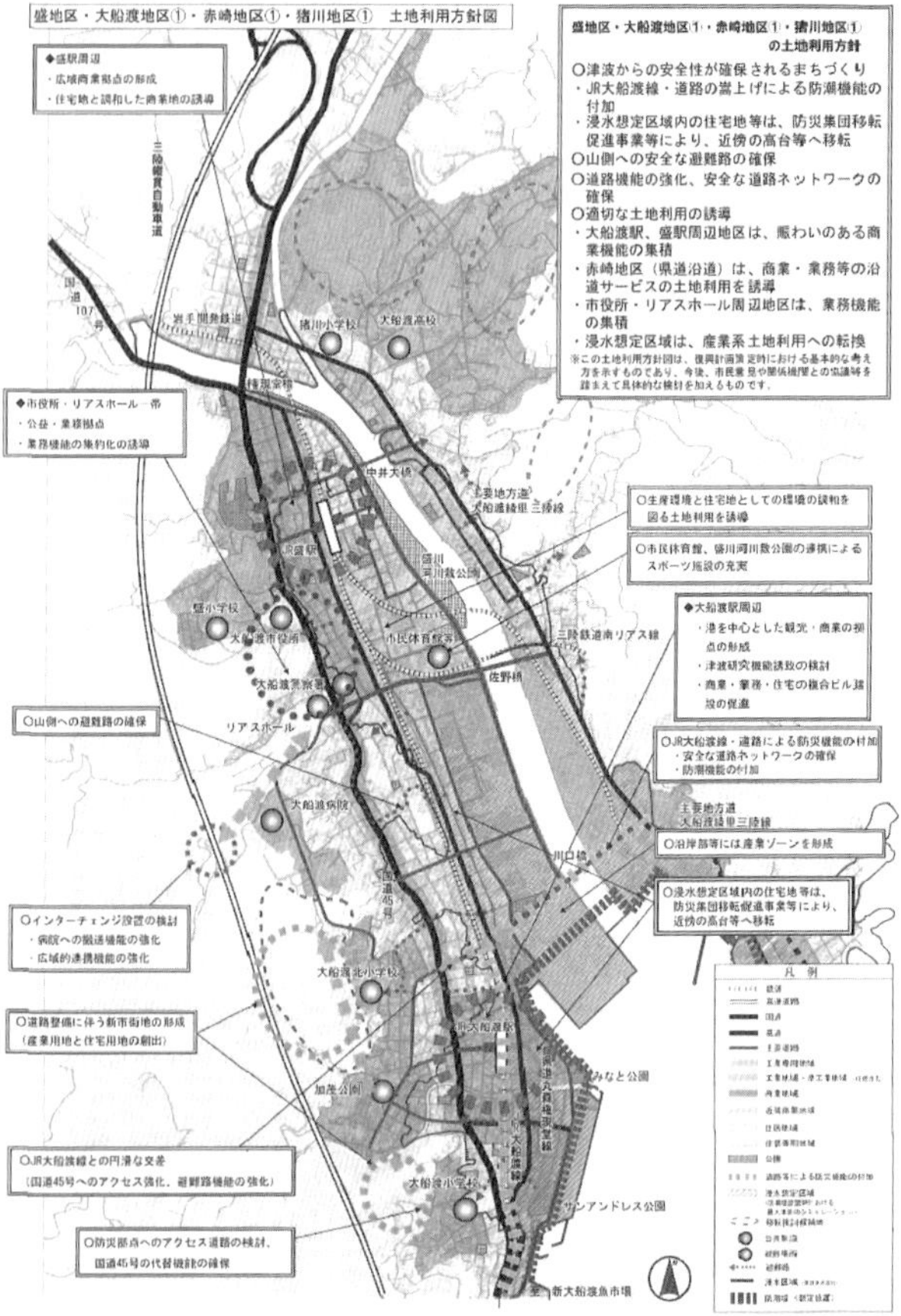

図．110　大船渡市盛地区・大船渡地区①・赤崎地区①・猪川地区①土地利用方針図

（出典：大船渡市復興計画）

③　陸前高田市

陸前高田市は、広田湾に面する高田松原から内陸まで平野部がほとんど流され、市役所も被災し、機能不全となった。

市役所が被災したため、復興計画策定に取り組むのが遅れた。平成23年5月1日に震災復興本部及び復興対策局を設置し、5月16日に震災復興計画策定方針を決定した。そして8月8日に第一回震災復興計画検討委員会を開催した。その後震災復興計画の素案を作成し、10月5日から意見募

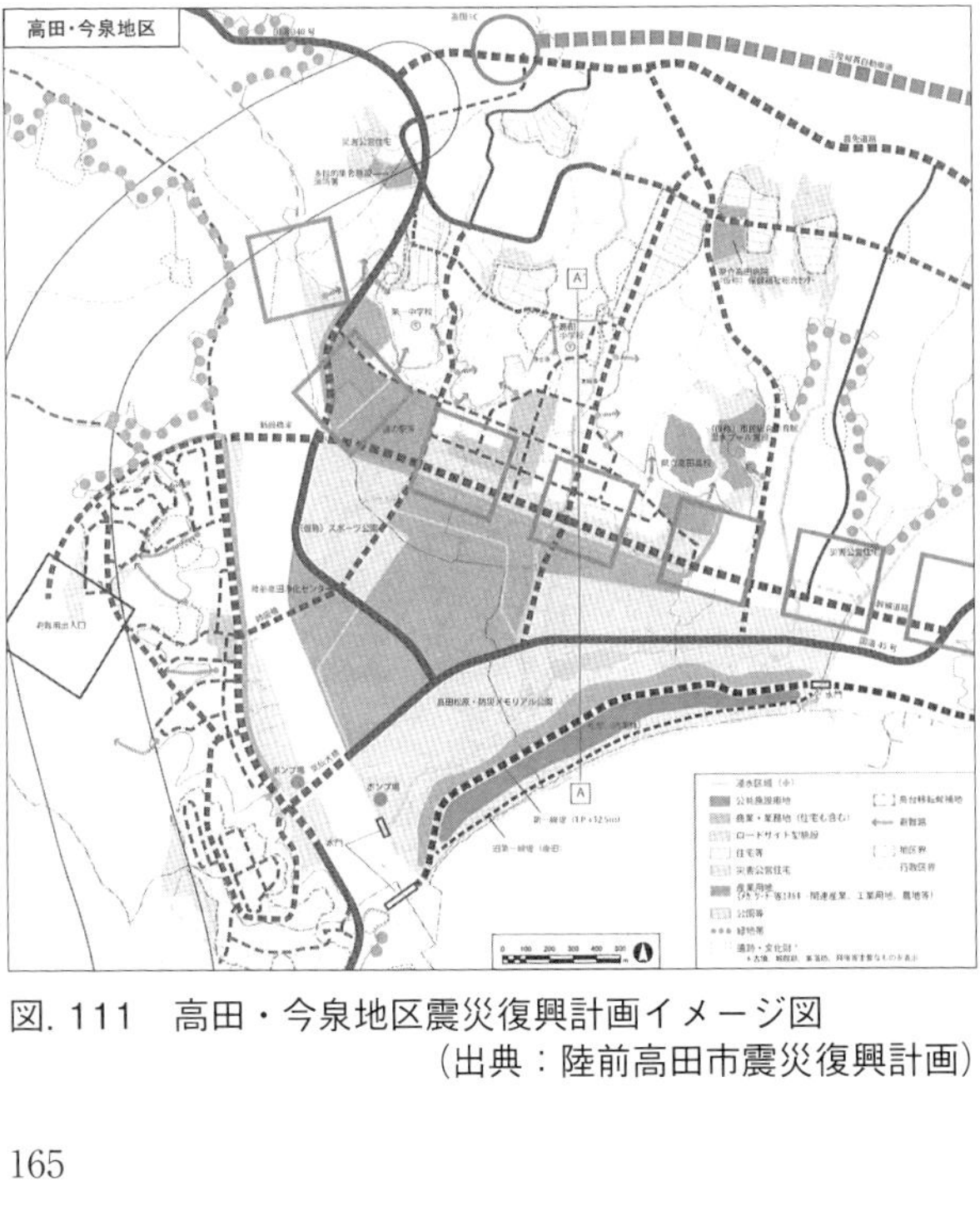

図. 111　高田・今泉地区震災復興計画イメージ図
（出典：陸前高田市震災復興計画）

集を行い、住民説明会を重ね、そして12月21日の市議会で策定した。
かつて7万本の松のあった国の名勝高田松原は、防潮堤より海側に再生し、被災した低地部と共に防災メモリアル公園ゾーンとする計画である。また残りの被災した低地部は産業ゾーンとしている。

津波防御の方法は、レベル1については背面盛土による防潮堤、レベル2は地盤の嵩上げと高台移転で対応している。

JR大船渡線は、嵩上げにより多少内陸部にルート変更を計画しているが、具体的なルートは示されていない。海岸沿いの国道45号はそのまま復旧し、嵩上げした内陸部に幹線道路を計画している。これらの嵩上げは区画整理事業で行うことにしている。

基本的に、公共施設や住宅地は、地盤の嵩上げ地あるいは高台に移転することにし、住宅地は平野部を取り囲むように周辺に移転することにしている（図．111、112）。

海沿いの大型ホテルは解体が決定されたが、道の駅はそのまま防災メモリアル公園に残すことにしている。

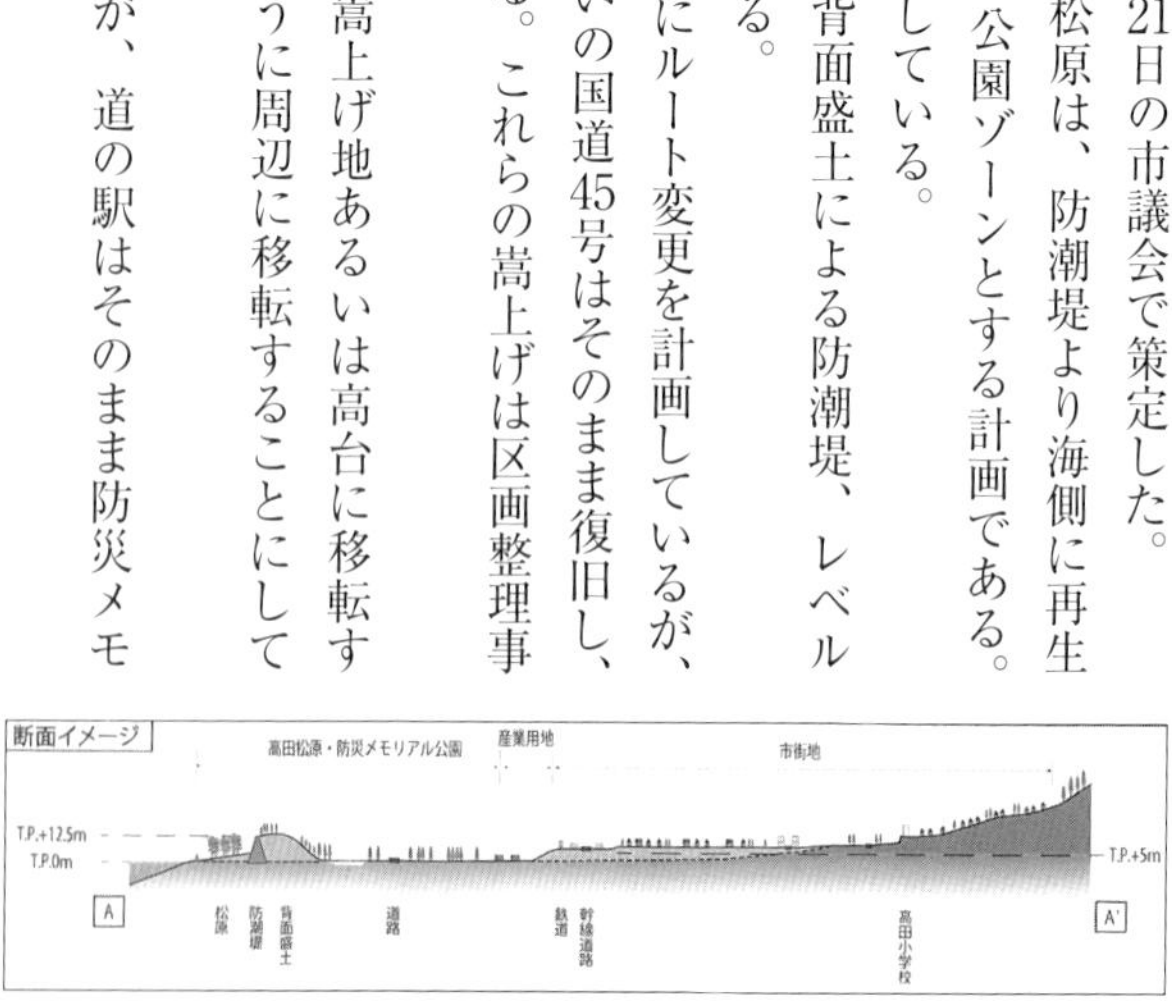

図．112　断面イメージ図（出典：陸前高田市震災復興計画）

④　南三陸町

南三陸町は、陸前高田市と同様に市街地のほとんどが流された町である。最後まで避難誘導の放送を続けた女性職員のいた防災対策庁舎には訪れる人が多い。

町では、震災復興基本方針の骨子を平成23年５月に策定し、その後震災復興策定会議を６月から開催し、復興計画は12月26日に策定した。

津波防御の方法は、レベル１については防潮堤と地盤の嵩上げ、レベル２については避難を基本としつつ公共施設や住宅の高台移転のように多重防御の推進としている。

南三陸町の志津川地区は、海に面した平地のほとんどが流された。復興計画は、中

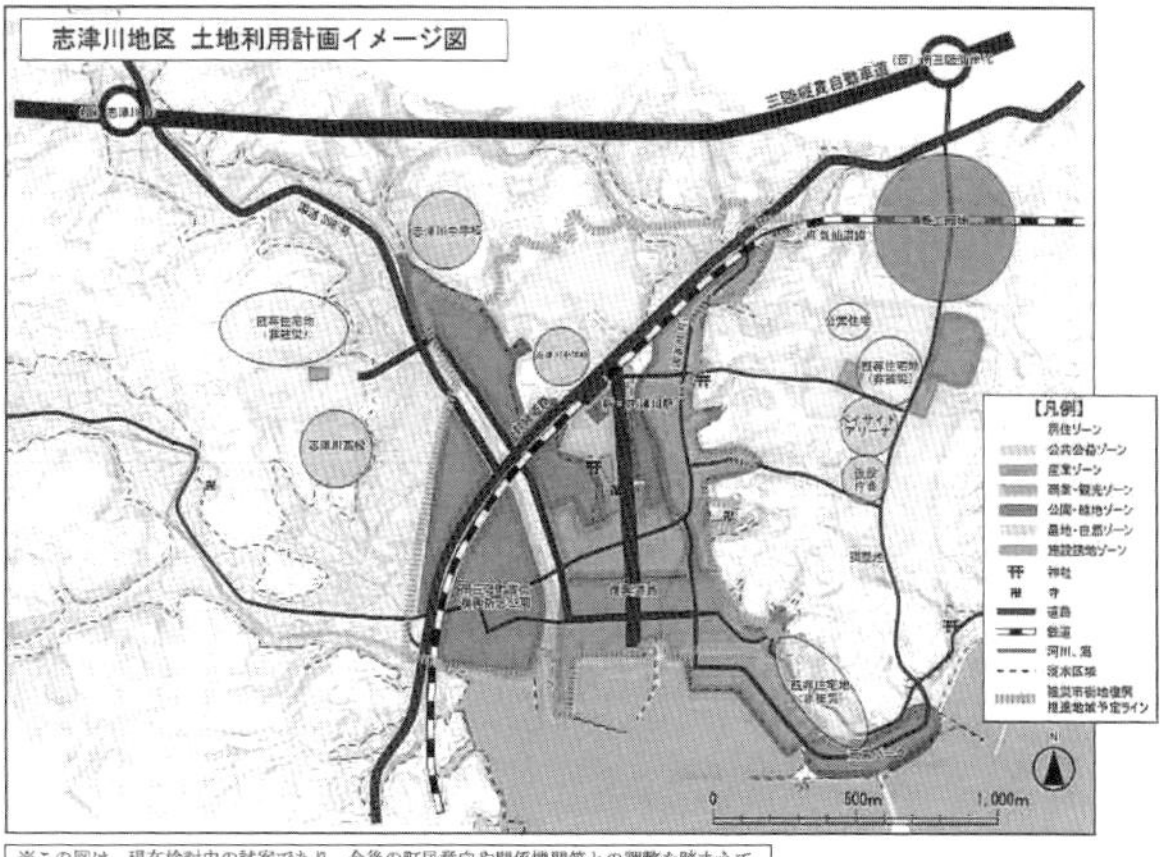

※この図は、現在検討中の試案であり、今後の町民意向や関係機関等との調整を踏まえて、変更する場合があります。今後も土地利用を具体化すべく、検討を進めていきます。

図. 113　南三陸町志津川地区土地利用計画イメージ図
（出典：南三陸町震災復興計画）

心部の西側の八幡川周辺を震災復興祈念公園とし、海沿いは産業ゾーンとし、住宅地は後背地の高台の既存住宅団地のある周辺に移転する計画としている。

　そして、JR気仙沼線はルートを変更した。以前は市街地の縁辺部を回るように通っていたが、中心部を南西から北東へ斜めに通るように変更し、また駅も中心部の中央に移動する計画とした。そして、駅前から広幅員の復興道路を海に向けて直線状に計画し、復興道路の軸線が市街地の中心となる計画であった。

　しかし、復興計画策定後、JRとの協議により、JR線のルートは以前のルートとし、駅の位置も以前の北東の端の位置に戻し、復興道路は無くなった。平成24年2月以後、JR施設は従前に戻した

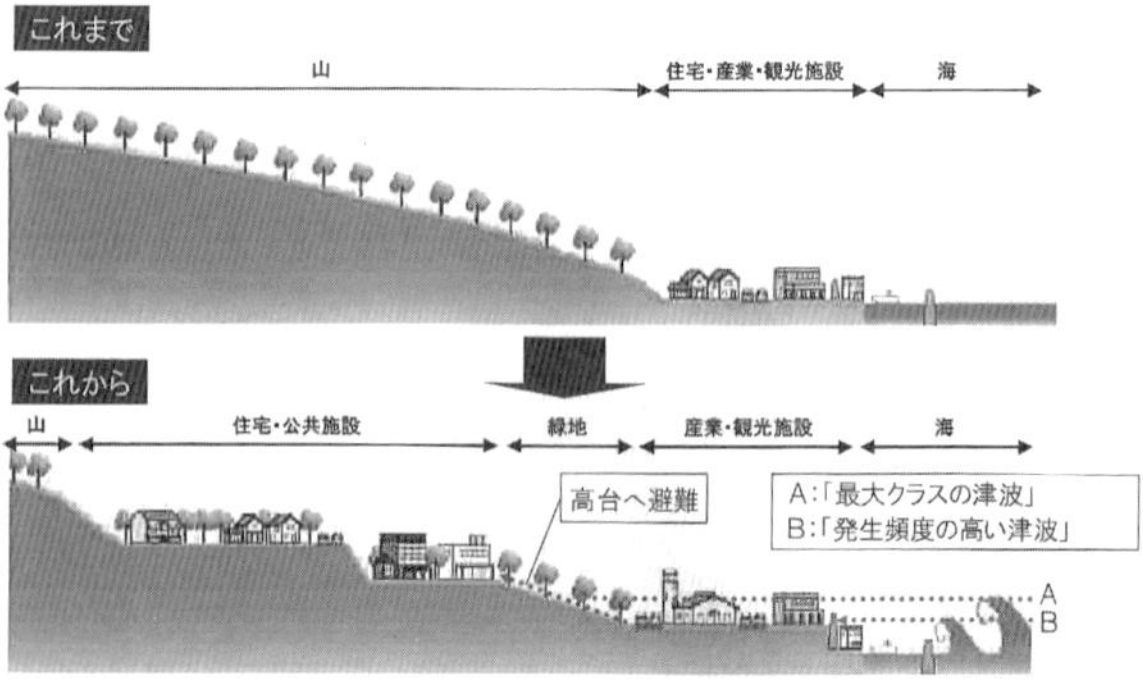

図. 114　南三陸町まちづくりの断面イメージ
（出典：南三陸町震災復興計画）

新たな計画で住民説明を行っている（図・113、114、115）。

⑤　女川町

女川町は、町の中心部に被害を受け、鉄筋コンクリート造の建物が横転した。その中で特に海岸沿いにある女川町交番と店舗併用住宅の女川サプリメント、そして江島共済会館を保存展示し、観光資源として役立てようとしている。

中心部のほぼ中央に位置する高台に病院があったが、高台にもかかわらず、津波は病院にも押し寄せ１階は被害を受けた。玄関には１・９メートルの津波の高さの表示がしてある。

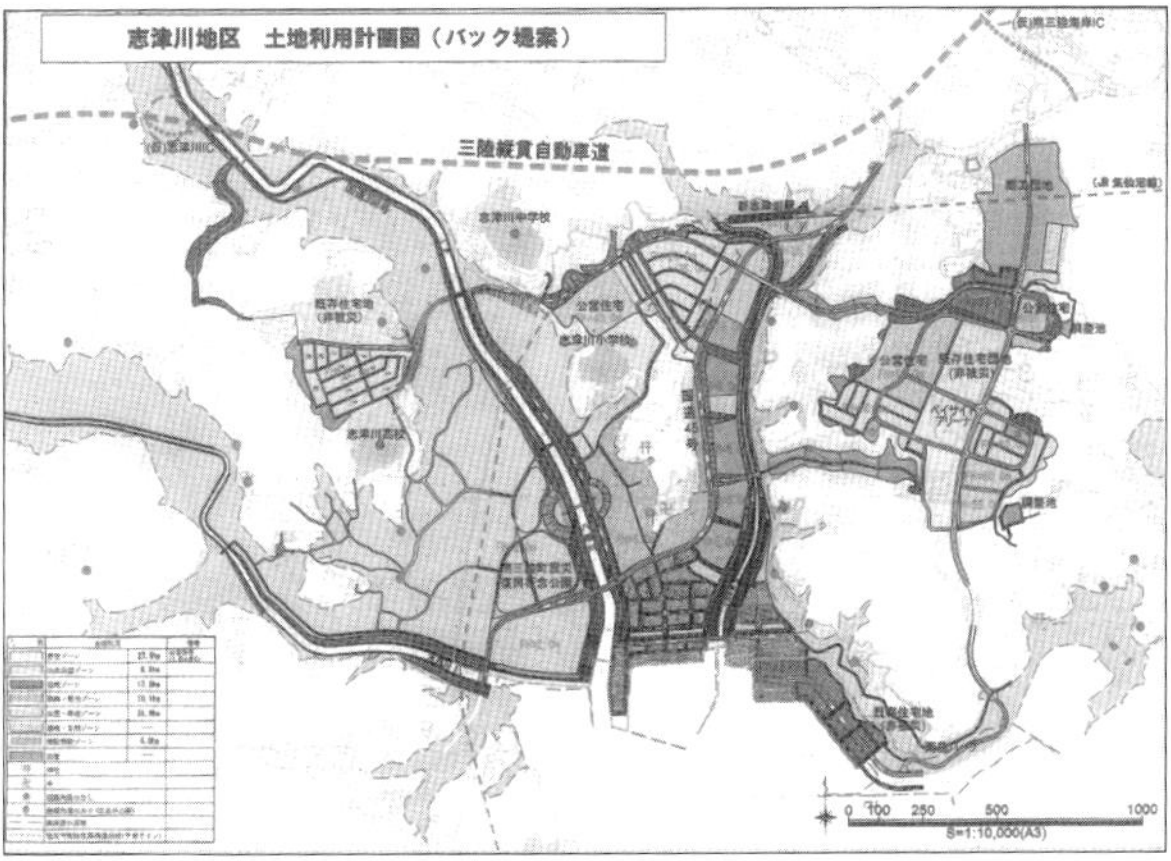

図. 115　南三陸町志津川地区土地利用計画図（バック提案）
（出典：南三陸町資料）

復興計画策定委員会の第一回委員会は5月1日に開催し、最終委員会の8月10日まで検討を重ね、平成23年9月15日に復興計画を策定した。その後、11月上旬に町長選挙があり無投票で新町長が選出された。そして、新町長により復興計画の一部が変更された。

修正された復興計画では、津波防御の方法が明確になり、レベル1は防潮堤と地盤の嵩上げで、レベル2は地盤の嵩上げと高台移転で対応している。

9月に策定された復興構想のゾーニングを見ると、湾の奥の海沿いに被災建物が展示されるメモリアル公園と水産加工ゾーンがあり、基本的な考え方として高台移転と低地部の嵩上げがあり、盛土の地区や高台に公共施

図. 116　女川町復興構想ゾーニング図
（出典：女川町復興計画）

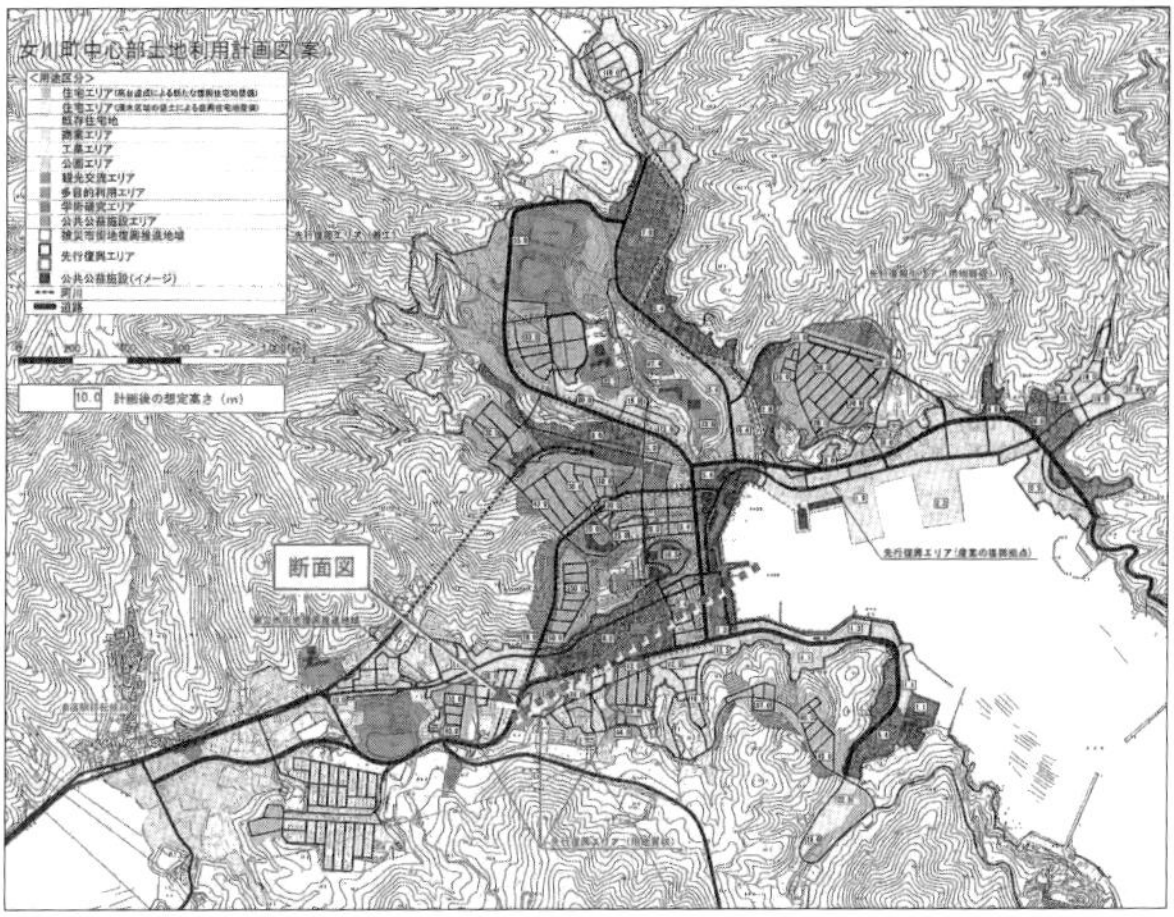

図. 117　女川町中心部土地利用計画図（案）
（出典：女川町復興まちづくり住民説明会資料）

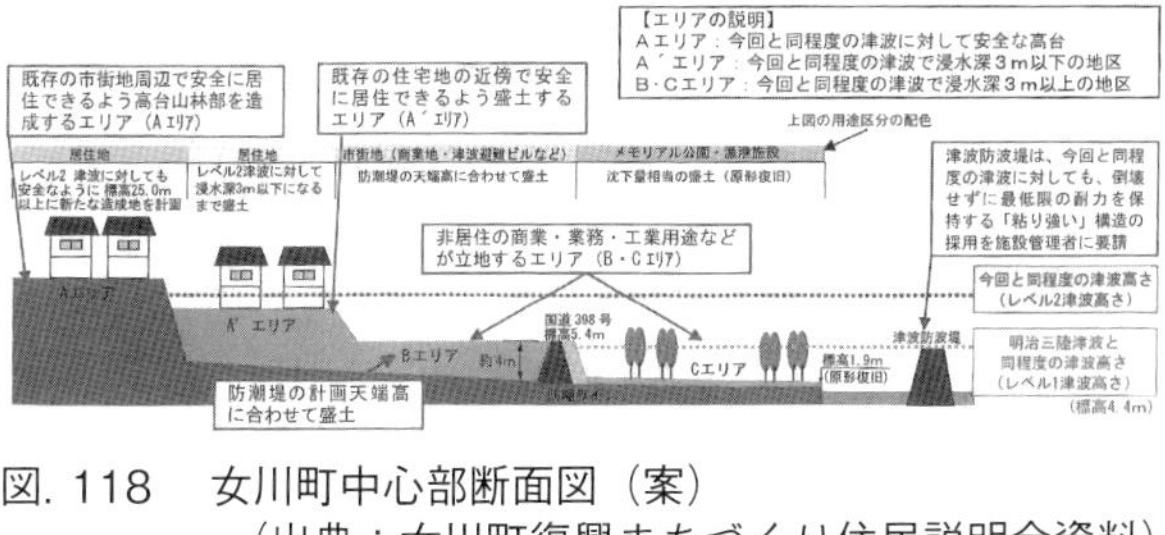

図. 118　女川町中心部断面図（案）
（出典：女川町復興まちづくり住民説明会資料）

設や住宅地区がある。

この復興計画では高台移転のため、住宅地は分散された。そのため、新町長により復興計画の一部変更が行われ、地盤が固くこれまで開発予定ではなかった病院の西側も住宅地に開発した。それにより、以前の計画では住宅地は四方に分散するイメージであったが、各住宅地が道路で繋がるようになり、ネットワーク化された一体感のあるコンパクトなまちづくりとなった。

平成24年1月以後、新しい計画で住民説明会を実施している。

また、女川駅はJR石巻線の終点でありルート変更の計画はない。そして、国道398号の嵩上げを計画している（図・116、117、118）。

（2）津波防御の方法

津波防御の方法を見ると、三陸地域と宮城県南部地域とは方式が異なる。

国が方針を出すのが遅い等の状況があった中で、表現には違いがあるが、基本的な国の基本的考え方であるレベル1とレベル2の津波防御の考え方は同じである。しかし、レベル1の対応方法は防潮堤で同じであるが、レベル2の対応方法が異なっている。

宮城県の南部地域ではレベル２を嵩上げ道路で対応しているが、三陸地域ではレベル１を防潮堤と地盤の嵩上げにより対応し、レベル２では嵩上げと高台移転に加え高台への避難道路の整備で対応し安全な住宅地を確保することにしている。これは、リアス式海岸で構成される三陸地域の平地部が宮城県南部地域の仙台平野より狭いからである。

その中でも、海岸沿いに津波を二段構えで防御する大船渡市のように、他の自治体とは違う方法の自治体もあった。

しかし、復興計画策定後、マスコミの報道によれば、自治体の中には、防潮堤の高さが高いと内陸から海が見えず、景観上問題があるという意見が相次いでいるようである。高田松原も気になるところで、今後の検討が課題となろう。

(3) 鉄道の計画

三陸地域において、鉄道はリアス式海岸の美しい景観を鑑賞出来るように海岸沿いを通している場合も多い。そのため、鉄道は津波の被害を直接的に受けた。

三陸地域の復興計画において鉄道の計画は重要な意味を持つ。以前は、平地部は住宅と漁業や農業、そして商業や工業など様々な施設が混在していたが、復興計画では、住宅地は高台移転、産業施設は低地というように土地利用が再編された。

もちろん鉄道は住宅地だけにサービスするわけではないが、都市構造を変更する復興計画では、鉄道のルート変更も重要な検討課題である。

しかし、各自治体の復興計画を見ると、鉄道は現地復旧が多く、ルート変更の計画もあったが、鉄道会社との協議により、結果的に以前のルートに戻した計画もあり、現実的にルートが変更された例は少ない。

例えば南三陸町のＪＲ気仙沼線は、復興計画ではルートが変更され駅の位置も中心部の中央に変更していたが、その後、ルートも駅の位置も以前の位置に戻った。そして復興道路という軸線中心の計画も無くなった。これなども、三陸地域においていかに鉄道の影響が大きいか物語る出来事である。このような状況を見ると、鉄道事業者との協議は復興計画作成前にすべきであろう。

また、陸前高田市では、区画整理事業により鉄道のルートをより内陸部に変更し、嵩上げする計画であるが、今後の協議の推移は興味深い。

（４）高台移転

津波災害から逃れるために住宅地の高台移転が計画されており、また地盤沈下もあり地盤の嵩上げによる住宅地も計画されている。復興計画策定後、各自治体は住民の意向調査を行い、高台移転の説明会や協議会を開催している。

ヒアリングによれば、ほとんどの住民が従前居住地の近いところを希望し、それぞれの小集落が集団となって移転することは好まれないようである。住民からは、コミュニティの合併に繋がる移転ではなく、小集落というコミュニティ単位の移転が希望されている。独立した集落では、集落間の考え方の違いは簡単に埋まるものではないのだろうとのことである。

そのようなことを反映してか、平成24年３月末までに、10世帯レベルの小集落単位で、しかも既存集落の空いているスペースに入れるという差し込み型で高台移転を４地区決定している大船渡市の例もある。その一方で、ここでは取り上げていないが、気仙沼市では平成24年３月末までに、数十世帯から１００世帯レベルで高台移転を８地区決定している。このような状況を見ても高台移転は一概に論じることはできず、地域によって異なる状況であり課題は多い。

また、鉄筋コンクリート造による共同住宅への反応は様々である。戸建による木造住宅への希望も上げられており、地産地消を奨励し、地元産の木材を使って町営住宅を作っている自治体も多い中で、復興公営住宅の在り方が問われる。

(5) 結びに代えて

三陸地域における基本的な津波対策は高台移転である。最後に高台移転に伴う都市の在り方を考察したい。

海岸に住む方々はいつの時代でも津波対策として高台移転を考え実行してきた。大船渡市の赤崎地区で、現在の住宅地より山の奥のほうに貝塚が発見されたのは、まさにそのことを示している。明治三陸地震津波(明治29年)よりはるか以前から、津波を回避するように高台に住むようにしてきた。

しかし、漁業との関係からは山奥は不便であり、また小集落ならまだしも、人口が増えてくると安全な土地が少なくなり、新しい世代は、さらに奥の山を開発するより、土地の価格が安くかつ開発の必要もなく海に近い便利な低地へと住宅を求めるようになった。そのような要望を満たすため、技術を開発し、技術の発展はそれを可能にしてきた。

その象徴的な例が宮古市田老地区である。昭和三陸津波(昭和8年)以後、万里の長城と言われる巨大な防潮堤を建設した。そしてチリ地震津波(昭和35年)が来たが、万里の長城は田老の市街地を守り、技術の勝利として称賛され安全神話となった。これで、三陸の津波対策は解決したように思われた。

しかし、今回の東日本大震災は想定外の被害をもたらすことになった。その結果、津波防御の方法は、巨大な防潮堤に頼るばかりではなく、多重的な防御の方法がとられるようになり、そして、「防災」ばかりではなく、「減災」という発想の転換も行われた。

居住地は絶対安全な高台へ、そして低地は漁業や農業そして工業等の経済活動へと土地利用が再編され、都市構造の転換が図られる復興計画が策定された。

今回の東日本大震災は、このような大きな転換が図られる契機となった震災である。

一方で、復興計画におけるこのような土地利用計画は、これまで主流となってきた都市計画の考え方とは対立する構図を生みだした。経済活動の土地は低地に確保し、居住地は高台に移転するという考え方は、分散型の都市構造を生み出す。それは、ゆったりとしたスペースを生かした豊かな土地利用計画であり都市構造である。

しかし、環境問題や人口減少社会に直面している現在、都市のあり方は、このような平面的にも断面的にも広がる分散型の都市ではなく、市街地を集中させ緑地を周辺に確保する集中型のコンパクトシティが求められている。分散型の都市構造では、道路や上下水道、電気など、都市のインフラストラクチュア建設にかかる経費は巨大になり、エネルギー効率の悪い都市ができ上がる。現代求められているのは、効率的で経済的な集約型の都市構造である。

被災地のヒアリングでも分かったが、集団移転として、いくつかの集落をまとめて高台に移転する案を作成しているが、まとめて集中的に共同住宅に移転することには反対意見もあり、住民は集落単位で移転することを希望し、小規模の単位で移転が決められているところもある。つまり、コミュニティの合併ではなく、これまで培われてきたコミュニティ単位での移転が求められているのであるが、このような状況を見ると、分散型の都市構造は、ますます小規模に分散する可能性がある。つまり、環境問題や人口減少問題への解決策とは離れていく方向にある。

一方で、山間地域の災害で話題になった新潟県中越地震では、過疎地の小さな集落が被害を受け、集落の将来が話題になった。このようなことを考えるならば、既存集落の近くに移転するなど、将来的に限界集落を生まない計画をすることが求められる。

そして、高台に移転するならばと、鉄筋コンクリート造の共同住宅ではなく木造の戸建住宅への希望もある。それには、鉄筋コンクリート造で全国的にも一様な景観を創造するより、地産地消で木造による地域らしい集落景観を創造したいとの希望もある。これは住民にすれば当然な思いであろう。

鉄筋コンクリート造の場合、人口減少社会では徐々に空き室が増える可能性がある。それよりも、戸建木造住宅のほうが、希望者も多く将来的に払下げも出来て良い、また空き家になっても処理しやすいという理由で集約型より分散型が良いという意見もある。

高台移転は、このような問題をじっくり検討していく必要があるだろう。

このように、各自治体の都市構造の分散化が進んで行く中で、女川町が住宅地が繋がるようにコンパクト化に変更したことは評価される。

（月刊誌「近代消防」２０１２年8月号掲載原稿を加筆修正）

〈参考資料〉

(1)「東日本大震災被災地—宮城県南部地域の復興計画の検証」近代消防 平成24年5月号、平成24年5月、近代消防社
(2)「山田町復興計画」平成23年12月、山田町
(3)「大船渡市復興計画」平成23年10月、大船渡市
(4)「陸前高田市震災復興計画」平成23年12月、陸前高田市
(5)「南三陸町震災復興計画」平成23年12月26日版、南三陸町

(6)「女川町復興計画」平成23年9月、女川町
(7)「女川町復興まちづくり住民説明会（町中心部）説明会資料」
(8) 三船康道「東日本大震災における三陸地域の復興計画における課題」安全工学No.53 No.3（平成25年）安全工学会

4 大震災を再考する

東日本大震災が発生して2年半経過した。被災地へ行くと、仮設の商店街が所々に見られ、被災地は土工事も見られるが、雑草が生えた平坦な荒野が続き復興は遅れている。

このような中で、関東大震災が発生して90年を迎える。大震災を風化させないために、ここで、我が国の震災を再考してみたい。

(1) 関東大震災以後の防災対策

我が国のこれまでの防災対策を振り返ると、災害ごとに一歩ずつ課題を克服してきた。今回はそのような歩みを概観したい。

大正2年に発生した関東大震災は、我が国の防災体制を確立整備する契機となり、発生した9月1日を「防災の日」と制定した。二次災害による市街地大火も含め、10万5、000人の死者を出し、市街地の不燃化が教訓として上げられた。

昭和23年に発生した福井地震は、初めて震度7が設定される契機となった地震で、鉄筋コンクリート造の被害も多く、昭和25年に制定された建築基準法に影響を与えた。昭和39年の新潟地震は軟弱地盤による液状化対策が教訓となった。昭和43年の十勝沖地震では、石油ストーブなどの石油器具からの出火が多く、以後石油ストーブの耐震自動消火装置が義務化された。

昭和53年に発生した宮城県沖地震ではブロック塀の倒壊による死者が多く、ブロック塀の補強対策が推進され、建築基準法には「新耐震基準」が設けられた。昭和58年の日本海中部地震では、津波の防災情報連絡体制の充実が教訓となった。平成5年の北海道南西沖地震では、津波対策として、津波情報伝達の迅速化と確実化が教訓となり、高台移転も話題になった。

平成7年に発生した阪神・淡路淡大震災は、死者が6、434人と関東大震災以来の都市型震災であり、都市型災害対策が改めて問われた。多くのボランティアが活動し、我が国のボランティア元年とまで言われた。そして政府は、発生した1月17日を「防災とボランティアの日」と制定し、その日を含む1週間を「防災とボランティア週間」と制定した。平成16年の新潟県中越地震は、中山間地の被害として過疎地の被害、集落埋没が話題になり、新幹線の脱線により高架構造物の安全性が見直された。平成19年の新潟県中越沖地震は、柏崎市の原子力発電所も地震に遭った。しかし、想定通りの対応で原子力発電所は止まり事故には至らなかった。そして、被災地における自力復興が話題となった。

そして、平成23年の東日本大震災は、マグニチュード9・0、千年に一度という想定外の地震で、巨大津波をもたらし、死者・行方不明者は1万9、578人となり関東大震災以来の死者をもたらした。また原子力発電所事故は、原子力発

図. 119　陸前高田市（2013 年 7 月）

図. 120　気仙沼市（2013 年 7 月）

電の賛否という国際的な議論を巻き起こした。（図．119、120）

（東愛知新聞2013年8月28日「大震災を再考する①」掲載原稿を加筆修正）

（2）阪神・淡路大震災を振り返る

平成7年1月17日早朝、阪神・淡路大震災が発生した。高速道路が倒壊し、火災による黒煙が何本も空高く立ち上るテレビのニュース映像は国民に衝撃を与えた。

関東大震災以来の都市型災害であった。

阪神・淡路大震災は、「活断層」という言葉が社会で定着した大震災であり、活断層の有無や位置が災害対策の重要事項になった。高速道路の倒壊、そして新幹線の高架構造物の被害などにより、社会を支えるインフラに対する信頼性が問い直され、高架構造物の耐震補強がされるようになった。そして、倒壊した建物には、新耐震基準前の建物が多く、神戸市役所でも新耐震基準以前の旧館は中間階がつぶされ、新耐震基準で建設された高層棟は被害が少なかった。ビルの1階あるいは中間階が圧壊されるという実態を目の当たりに見て、耐震補強の必要性が強く認識され、その後公共施設を中心に耐震補強が推進されることになった。

それと、二次災害による火災の恐怖も改めて認識されることになった。広域的な大震災の場合、同時多発火災が発生する。その場合最も危険なのは、狭隘道路の多い木造密集市街地である。
道路が狭いため、消防ポンプ車が入れず消火活動が十分に行われない。また同じ木造でも老朽住宅が多いため、燃えやすく崩れやすい。そして、敷地が狭く隣棟間隔が十分にとれず、木造住宅が密集するため、一日火災になると、延焼火災になる。そのため、このような木造密集市街地は、以前から危険な地区と専門家からは指摘されていた。

それが、ライフラインの寸断によりそもそも消火栓が機能せず長田区が焼野原になったように、二次災害の恐ろしさを十

図. 121　神戸市役所

図. 122　長田区火災跡

分に知らされ、密集市街地の改善が推進された。

そして、避難所や仮設住宅による避難生活の状況が国民共有の認識になった。避難所におけるプライバシー、仮設住宅における隣家との音などの問題も取り上げられた。

そして、我が国を大きく変えたのが、ボランティアの活動である。被災地の神戸市を中心に全国からボランティアが集まった。大震災の場合、行政の対応だけでは限界がある。その限界を補うのにボランティアが大きな役割を果たした。1995年はボランティア元年と言われ、その後多くの災害ボランティアが結成され、我が国の災害対策にあって、災害ボランティアの占める位置は大きくなった。**（図：121、122）**

（東愛知新聞2013年8月29日「大震災を再考する②」掲載原稿を加筆修正）

（3）東日本大震災を振り返る。

平成23年3月11日、マグニチュード9・0の千年に一度といわれる地震は、東北地方の太平洋岸に巨大津波を発生させ、死者・行方不明者は1万9、578人に上る被害をもたらした。特に町ごと流された陸前高田市や南三陸町の被害の映像は国民にショックを与えた。

想定外といわれる巨大津波は、昭和35年に発生したチリ地震津波を食い止めた「万里の長城」

と呼ばれる田老町の防潮堤をも破壊し、安全神話は崩壊した。そして、想定外に対する対策が課題と言われた。防潮堤をさらに高くすることが課題となったが、一方で、防潮堤が高いと、海が見えないという景観問題、そして内側からは津波が迫りくる状況を知り得ず防潮堤の内側を車で通行しているケースも多く、津波情報の伝達が課題となった。

また避難の在り方も教訓となり、避難の指示を待っていた小学校の生徒や教職員が流された大川小学校の悲劇もあり、一方で「てんでんこ」として自主的な避難を教育していた釜石では、全員助かったとの教訓もあった。

また、港湾に整備された重油タンク等による火災の被害も甚大で、津波に乗って火災が陸に流されてくる様子は津波型火災と呼ばれた。そして、山田町、大槌町、気仙沼などでは広範なエリアを焼き尽くした。

想定外と言われる津波に対して、居住する場所や津波防御対策には議論が重ねられ、基本的には高台移転が受け入れら

図. 123　田老町の「万里の長城」から

れた。

津波被害は、三陸沿岸、仙台平野そして福島県の沿岸に及び、中でも農地は津波による塩害で当分、復旧は難しいと言われた。

発生した瓦礫は膨大な量となり、瓦礫処理のために、他県に受け入れていただいたことも話題になった。そして、未だ瓦礫の全てが片付いたわけではない。

仮設住宅の建設は急がれた。日本プレハブ協会による公的な仮設住宅では必要量を確保できず、民間業者による仮設住宅が求められ、その分多様な仮設住宅が建設された。仮設住宅の建設や復興にも地産地消がテーマとなり、地元産材を使って建設する木造の仮設住宅が話題となり、我が国では初めて木造戸建ての仮設住宅も建設された。

原子力発電所事故は、国際的に原子力発電の在り方やエネルギー政策について議論を巻き起こした。国内の原子力発電所について議論が重ねられ、一旦停止になった原子力発電所

図. 124　石巻市の被害状況

はなかなか再稼働にはいたっていない。（図．123、124）

（東愛知新聞2013年8月30日「大震災を再考する③」掲載原稿を加筆修正）

（4）東日本大震災を後世に伝える。

震災を風化させず後世に伝えるためには、震災の遺構の保存が有効である。そのような観点から、被災した建物等を保存する試みが行われてきた。

そして東日本大震災後に、後世に伝えようと、陸に流された船、建物の上に残された船、そして破壊された建物などが候補に上った。しかし、このような活動は、現実的には厳しい状況にある。今回はいくつかの例を紹介して、結びとしたい。

気仙沼市の鹿折地区に流された漁船は、規模も大きく、初期の段階から保存しようという声が上がった。そして、周辺の山とともに公園化する案も検討された。しかし、最終的に解体を求める声が7割に近く、所有者の水産会社による解体が決定された。

南三陸町の防災対策庁舎は、女性職員が最後まで避難を呼びかけ殉職し話題になった。これも大震災の象徴として残そうという声が上がったが、解体が決定された。しかし、その後町長が解体の再検討を表明し、今はまだ決定していない。

当初は多くの建物等が保存の候補に上がったが、その多くが解体決定となった。その理由は、親族を失い残された遺族に対する配慮である。震災から立ち直り、新たな人生を生きて行こうという時に、震災は二度と思い出したくない出来事だからである。

公共的に保存することとは別に、民間で残そうという動きもある。それは比較的小さな建物で、行政が税金を使って整備し、管理するには効果が小さいとして受け入れられず、やむを得ず、所有者が自力で努力するものである。しかし、これも大変である。

「かもめの玉子」で知られる大船渡市のさいとう製菓は、被災した社屋を後世のために残そうと、一般財団法人を設立し、寄付を集める等の活動を行った。しかし、思うように寄付は集まらず、7月上旬に一般社団法人を解散し、社屋の解体を決めた。このように民間での活動は

図. 125　南三陸町防災対策庁舎

困難が伴う。

ここでは最後に、大船渡市で筆者が取り組んでいる活動を紹介したい。本誌でも一度紹介させていただいたが、気仙大工が津波対策として、ブロックで造った家に避難した妻が助かった。

妻はその自宅を保存することにした。今年（平成25年）の7月7日、ブロックで看板を造った。そのブロックには被災直後の写真をプリントした。これにより現状と、被災直後の対比もできる。石碑ならぬ「ブロック碑」と呼んでいるが、これも新たな保存である。

東日本愛震災で、後世に伝える災害遺構をどれだけ保存できるかは、これからにかかっている。（図．125、126）

（東愛知新聞2013年8月31日「大震災を再考する④」掲載原稿を加筆修正）

図. 126　津波祈念館ブロック碑

第4章　バンダ・アチェ市復興計画の概要

平成16年12月26日、午前7時58分にバンダ・アチェ市から南に250キロメートル離れた北スマトラ島沖でマグニチュード9・1（～9・3）の地震が襲った（図・127）。そして巨大津波が周辺の多くの国に被害を与え、その結果、世界中で約23万人の死者・行方不明者を出した。

最大の被災地、バンダ・アチェ市は、面積約61平方キロメートルでスマトラ島の北端（図・128）に位置している。インドネシア政府は、国家計画庁（BAPPENAS）に、3ヶ月以内に支援者、地方政府、そしてNGOと協力し

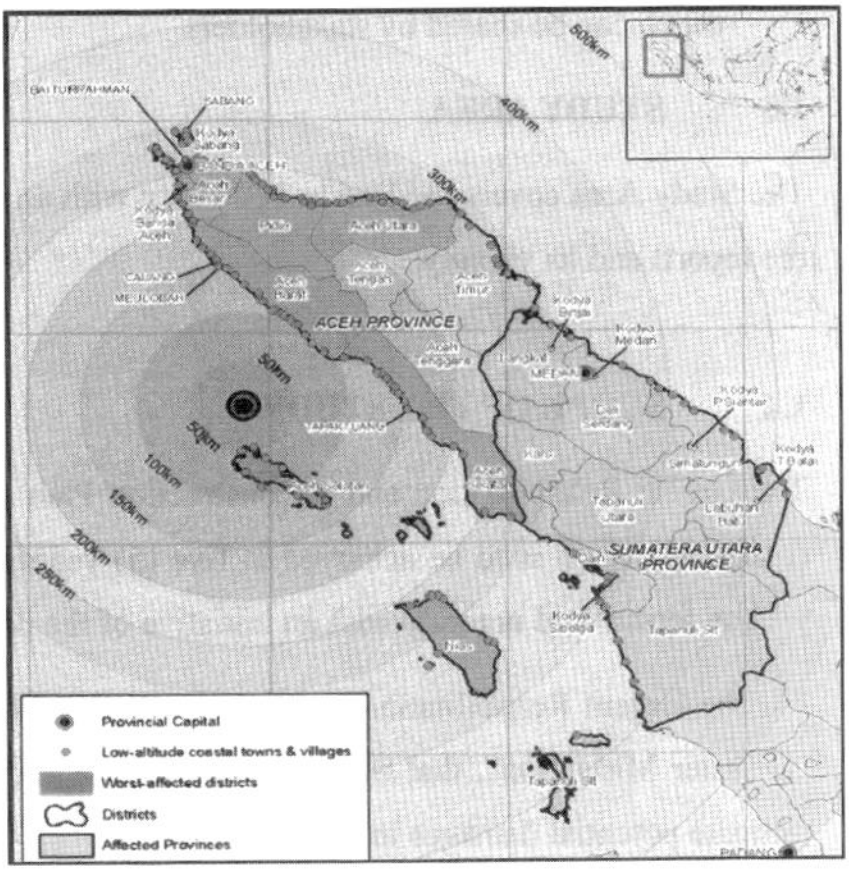

Source : United Nations OCHA

図. 127　スマトラ島沖地震震源図

て復旧・復興計画を作成するように指示した。そして国家計画庁は平成17年3月にブループリントを作成した。

バンダ・アチェ市の復興計画はＪＩＣＡ（Japan International Cooperation Agency：国際協力機構）により平成17年8月に作成された。ＪＩＣＡチームはバンダ・アチェ市と打合せをし、ブループリントを見直しながら実行可能な復興計画を作成するのが業務であった。ＪＩＣＡチームの構成員は（株）日本工営を幹事会社とする株式会社パスコ、株式会社八千代エンジニアリングのジョイントベンチャーであった。著者は特別防災アドバイザーの任に当たった。

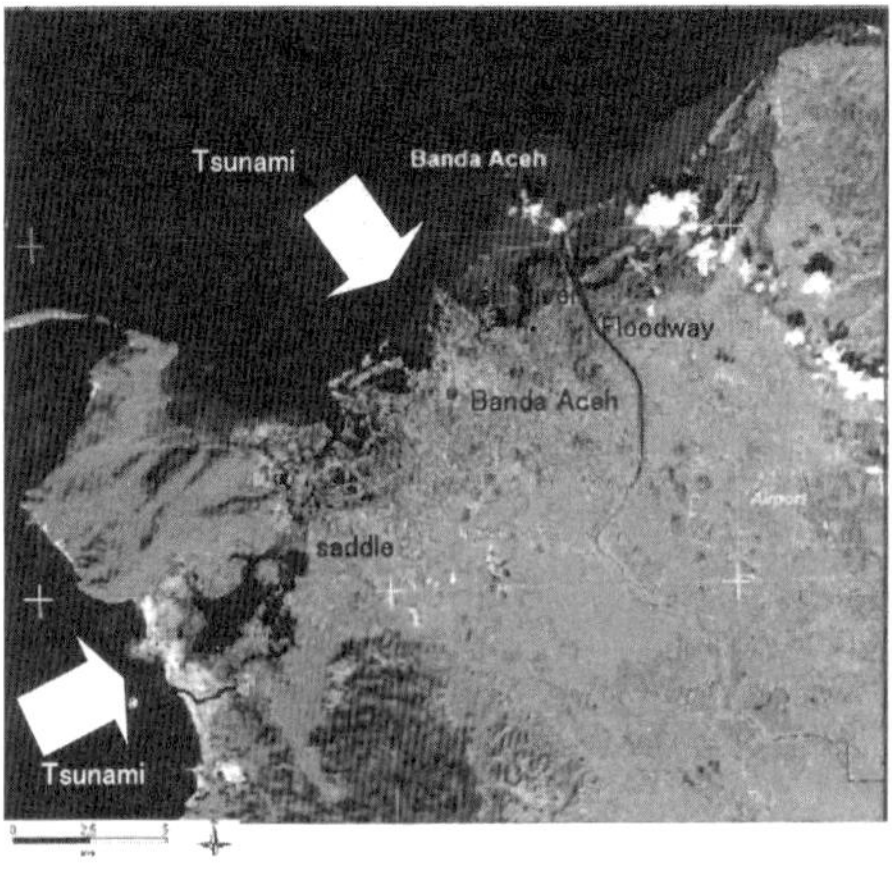

Source : BAPPENAS, Blueprint, 2005

図. 128　津波被害図

バンダ・アチェ市は、海岸線から2キロメートルは流されて何も無くなったと言われ、東日本大震災で、多くを流されてしまった市町村に似ている。そのため、ここでは参考までに、世界最大の被害をもたらした津波被害から作成された復興計画の概要を紹介する。

1　被害状況

①津波の状況

津波はアチェ州の西海岸と北海岸から押し寄せ、バンダ・アチェ市をはじめ多くの町を襲い、海岸沿いの地域の建物は津波で破壊され流された（図．129）。

市北側の海岸線での津波の高さは10メートル（図．130）で、浸水地域は海岸線から陸地へ3・5～4キロメートルの内陸部（図．131）まであった。

②人的被害

災害前の市の人口は26万3、669人であったが、災害後は19万2、194人となり死傷者は7万1、475人に達した。そして6万5、500人が仮設住宅など居住地を離れて

図. 129　バンダ・アチェ市

暮らしている。市は9つのケチャマタン（区）と89のデサ（村）に別れている。それぞれの区の津波前と津波後の人口の状況を見ると、海岸沿いの地域が津波により大幅に人口を減少させている。

③建物被害

津波の浸水地域には2万5、688棟の建物があったが、全壊あるいは部分的に損壊した建物

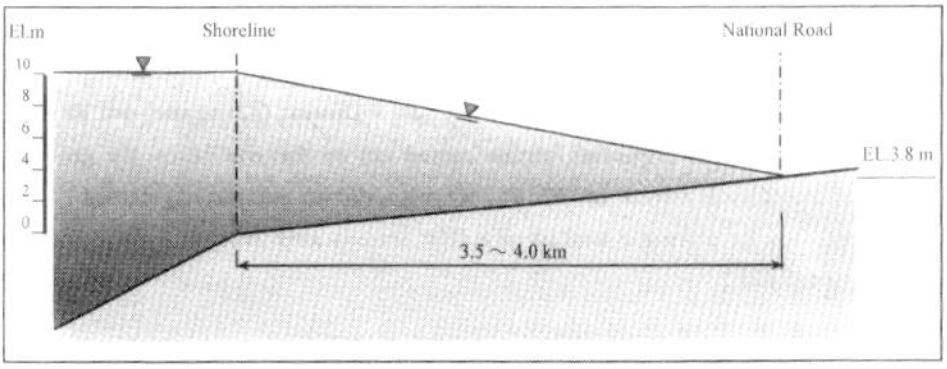

Source : JICA Study Team

図. 130　津波の高さ

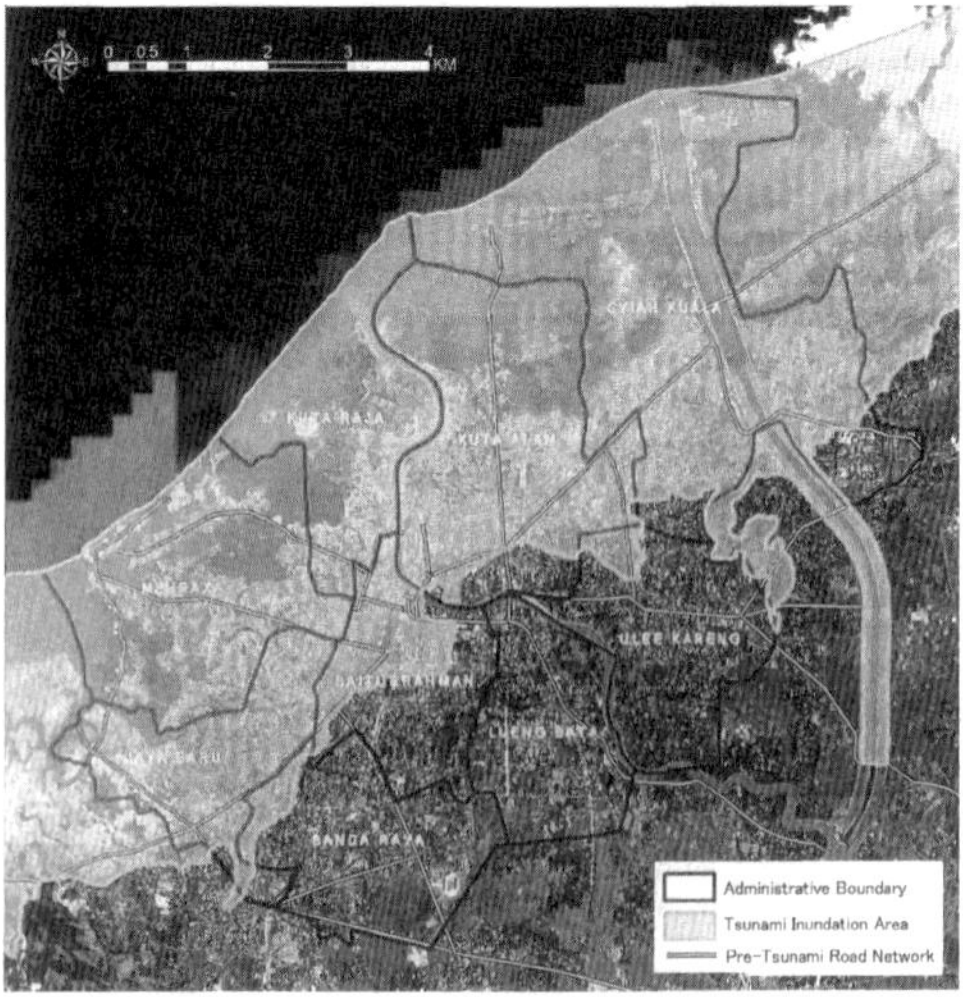

Source : JICA Study Team

図. 131　津波被害図

は1万2、972棟で50・4パーセントであった。中でも海岸線から約2キロメートルの範囲は、木造も鉄筋コンクリート造の建物もほとんど破壊され流された。残されているのは土の中に埋もれている鉄筋コンクリートの基礎だけであった。そして、2キロメートルより内陸に入ると建物が少しずつ残されていた。

2　都市マスタープラン

市では津波前に平成13年から平成22年を目標に都市マスタープランを策定している。

都市マスタープランの土地利用（図．132）を見ると、既存の中心市街地をコアに主要な道路沿いに線形に発展する都市構造である。

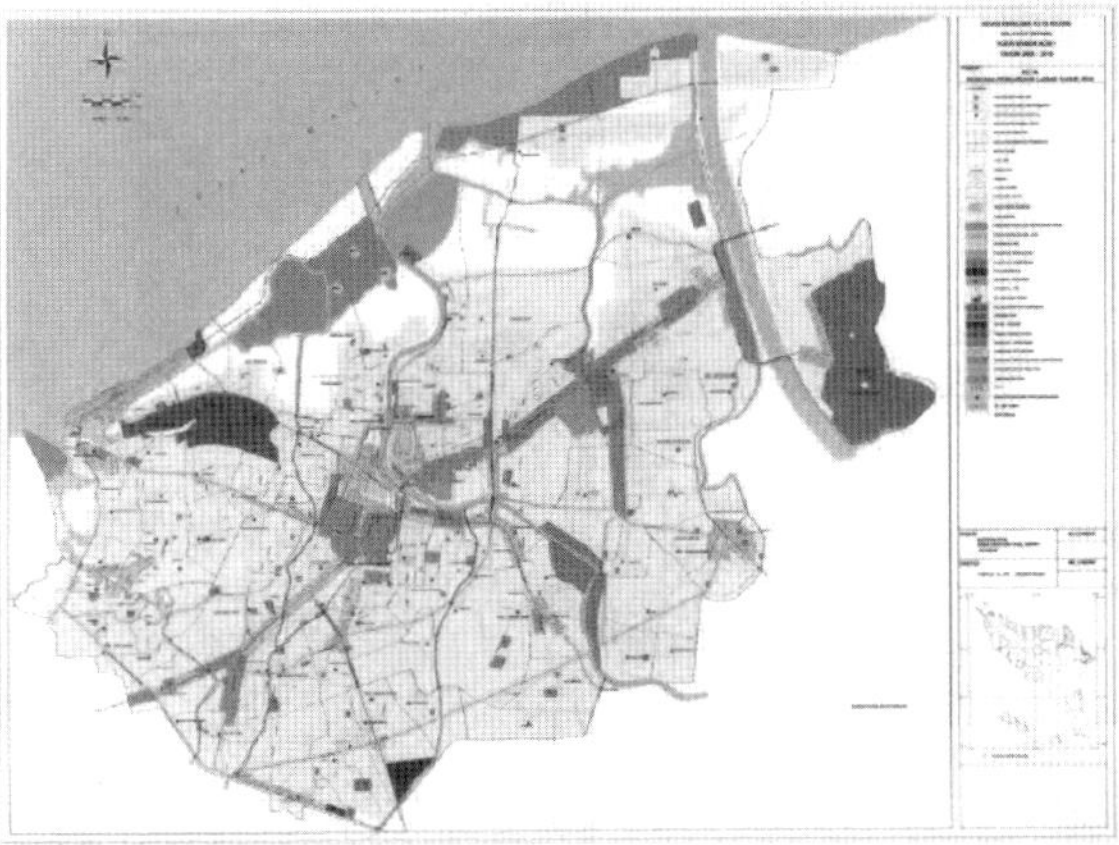

(Source: Banda Aceh City, 2001)

図. 132　バンダ・アチェ・マスタープラン・2001-2010

中心市街地にはバンダ・アチェ市の象徴となるグランド・モスク（図．133）があり、市民にとっては精神的な意味でも中心でもある。

平成22年次の人口は30万7、695人と想定しており、1つの核とそれを中心とした東西の軸を骨格とした30万都市の実現であった。

3 ブループリント

国家計画庁では3月にブループリントを作成した。ゾーニング図（図．134）を見ると、現在の中心市街地を文化（歴史的）地区として残し、新たな都市のセンターを内陸に約3キロメートル移動させたところに開発し、その新たな都市のセンターを中心に7つのサブセンターを計画しネットワークさせる案である。そして住宅地を内陸部の南側に開発することにしている。

そして、海岸線と海岸線から約2キロメートル離れた道路沿いにグリーンベルトを設置し、

図．133　グランド・モスク

植栽による2段構えで津波を減衰させる計画としている。

当初、海岸線から2キロメートル以内の部分は居住禁止区域としていたが、住民の強い希望により、政府は希望者には居住を認めることにした。

そして海岸沿いに居住したい希望者のために、エスケープ・ヒルという盛土による丘を数箇所計画し、津波の避難場所とした。

ゾーニングは、津波対策として南側の開発を基本にしているため、新たな都市のセンターは現在のバンダ・アチェ市の外側に計画され、市の外側を含めた復興計画であった。

概ね以上のような内容であるが、計画は市の周辺地域も含めていたため、都市マスタープラ

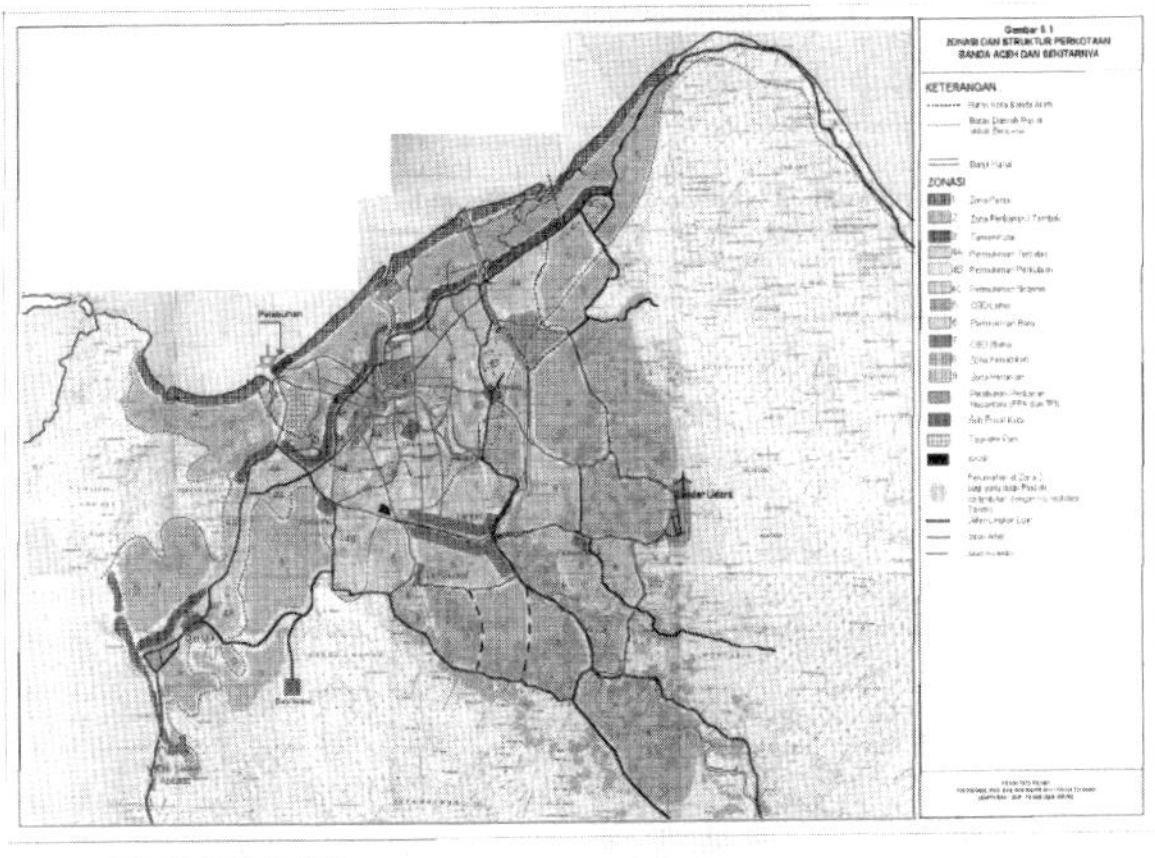

Source : BAPPENAS, Blueprint, 2005

図. 134　ブループリント：国家企画庁

ンからはかけ離れた内容であった。

復興計画の内容は、人口予測の検討などもあり、ブループリントを基本に市と協議しながら修正しつつ新たに計画を作成することになった。

4　復興計画の概要

復興計画の概要は次の通りである。

①人口

平成16年の人口は26万5、097人であった（図．135）。しかし、平成17年4月での人口は19万2、194人となり、津波での死者・行方不明者は約7万3、000人であった。

復興計画における人口予測では、3タイプのスタディを行い、市側と協議の上、平成21年時点での人口を25万4、000人と想定した（図．136　Method3）

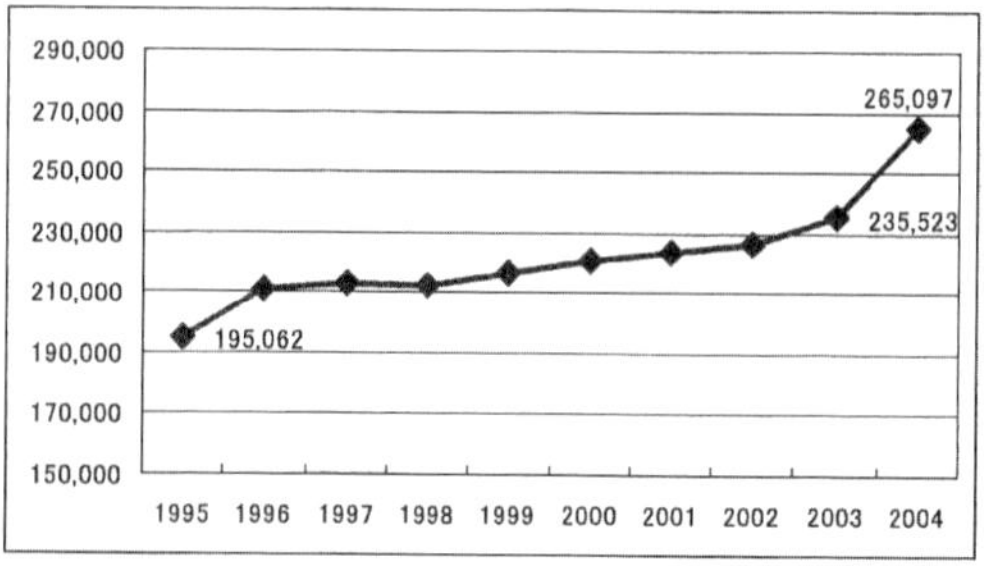

Source: BANDA ACEH DALAM ANGKA, 2004, BPS

図. 135　人口動態

② 都市計画案作成の方針

都市計画案作成の基本方針は以下のとおりである。

（1）住民中心

住民の意見を聞き、集落計画には住民、NGO、そしてドナーと政府のコラボレーションで作成する。具体的には従前の居住地に戻りたいという住民の意見を反映させる。

（2）インフラストラクチュア

基本的なインフラストラクチュアは優先的に復旧する。インフラストラクチュアのキャパシティは災害後の人口に適切なものとする。

（3）土地利用

土地利用計画は利用にあわせた適切な規模とする。住宅地には小規模な商業施設、工場、学校そして公共施設を含める。大規模商業施設や公共施設は主要な道路沿いに開発し、サブセンターのネットワークを形成する。

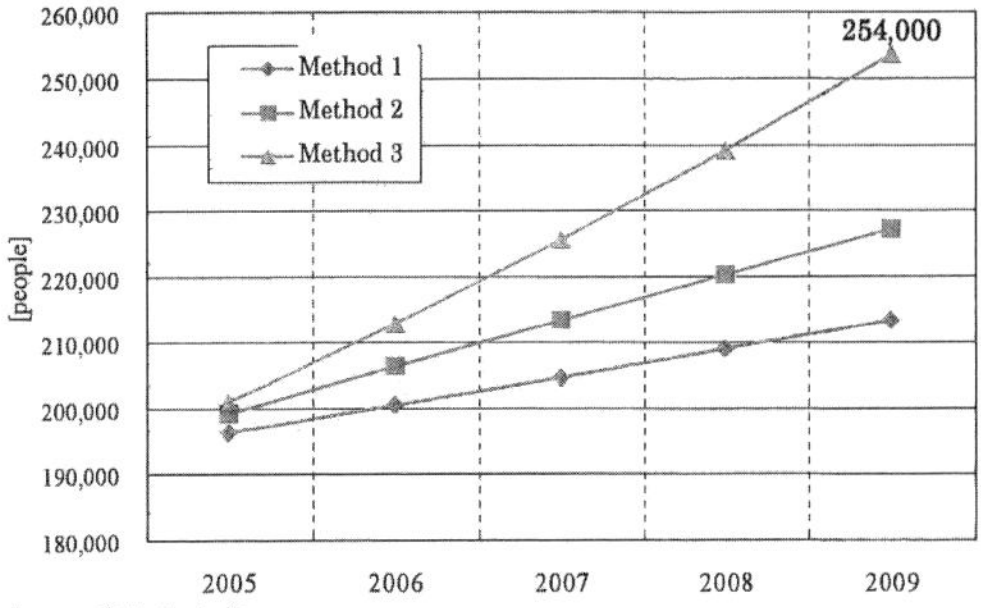

Source: JICA Study Team

図. 136　人口予測

（4）教育と能力開発

施設の設置にあわせ、それぞれのセンターでの教育と能力開発そして情報システムの構築を行う。

（5）持続可能性

大規模な復興が終了後、持続可能な開発が確保されること。

③開発モデル：多核型の開発

復興計画としては、①市を南側に拡張する開発、②海岸線の開発、③二つのセンターによる開発、④線形の開発、⑤多核型開発の中から、市としては公共機能を移動させ新たな都市のセンターをつくり、それぞれの住宅地にサブセンターを開発し道路でネットワークすることが相応しいとして多核型の開発とすることにした。

④都市開発のコンセプト

多核型の開発を基本に、新たな都市のセンターを南側のランバロ地区に開発し、商業・業務機能を持たせることにした。既存の中心市街地は文化地区とし、それぞれの住宅地に商業機能によるサブセンターを形成することにした。そして環状道路を基本に道路ネットワークを形成し、新たなセンターと各種都市機能、そしてそれぞれのサブセンターをネットワークさせることとした（図．１３７）。

ブループリントの計画では、現在の市域に広範囲の周辺地域を含めた計画であったが、復興計画では、ブループリントほど拡大した計画とせず、市域外としては新たな都市のセンター程度を含めた計画とした。

⑤道路ネットワーク

道路ネットワーク（図．１３８）はグランド・モスクのある文化地区（旧中心市街地）から東西に延びる道路を中心に、海岸線から約2キロメートルの位置に新たな道路を通し、それとランバロ地区に計画される新たな都市のセンターを結ぶ環状道路を基本に構成した。そして、その環状道路から空港や他地区へ連結する計画とした。

また、環状道路の内部に各サブセンターを連結

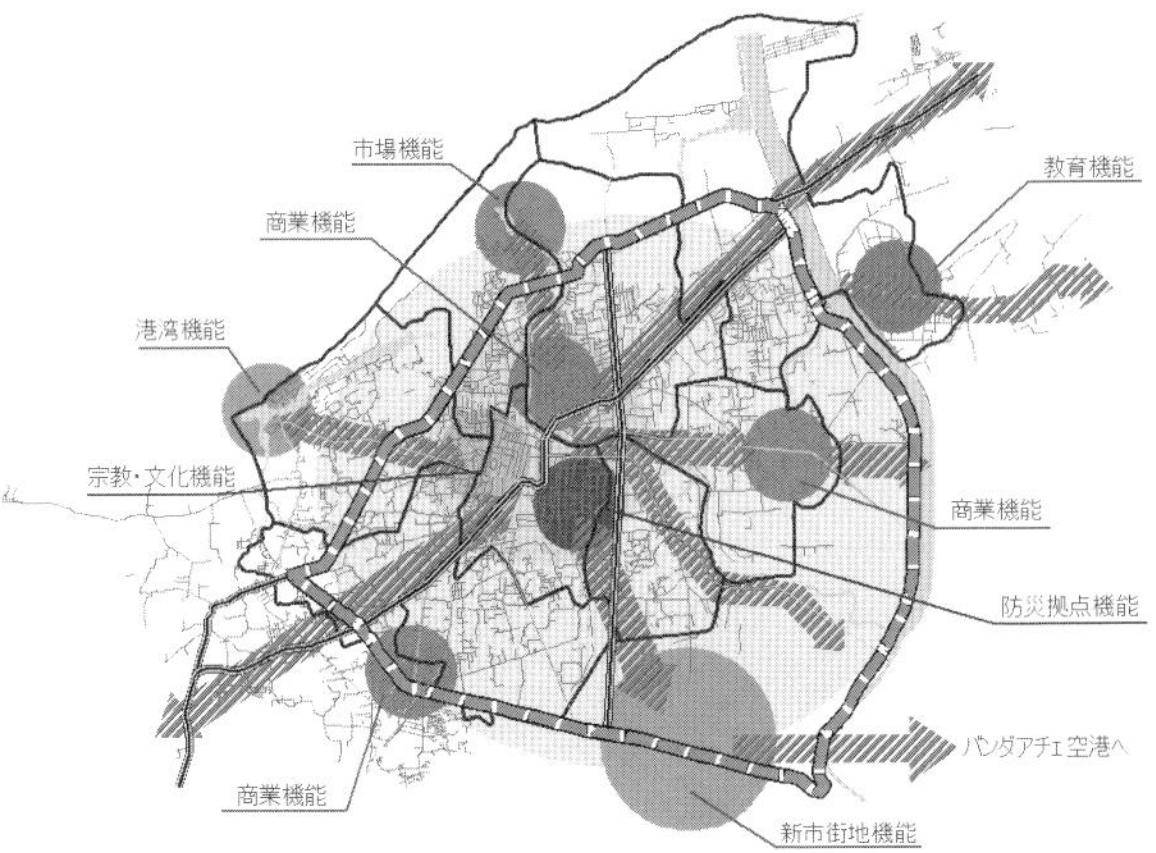

図. 137　バンダ・アチェ復興計画概念図

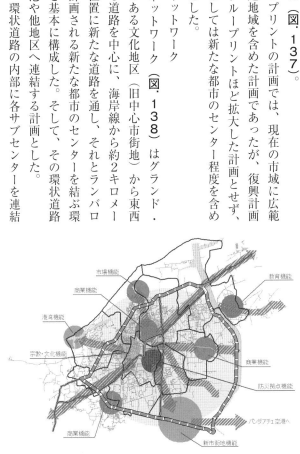

する道路を環状道路に連結する形で海岸に通じるように計画した。

これらの道路は緊急道路としても位置づけられ、避難、救援物資等の輸送にも使われる。

⑥4つのゾーニング

ブループリントでは市域を9つのゾーンに分けていたが、復興計画では市域を4つのゾーンに分けた（図．139）。そしてそれぞれのゾーンに（表．10）のように災害対策と都市の機能を持たせた。

⑦土地利用計画

土地利用計画（図．140）は実効性の高いものとして作成した。ブループリントが現在の市域の周辺を大幅に加え広域的に計画したのに比べ、現在の市域に新たな都市のセンターが増えた程度の計画で、センターの規模も縮小した。

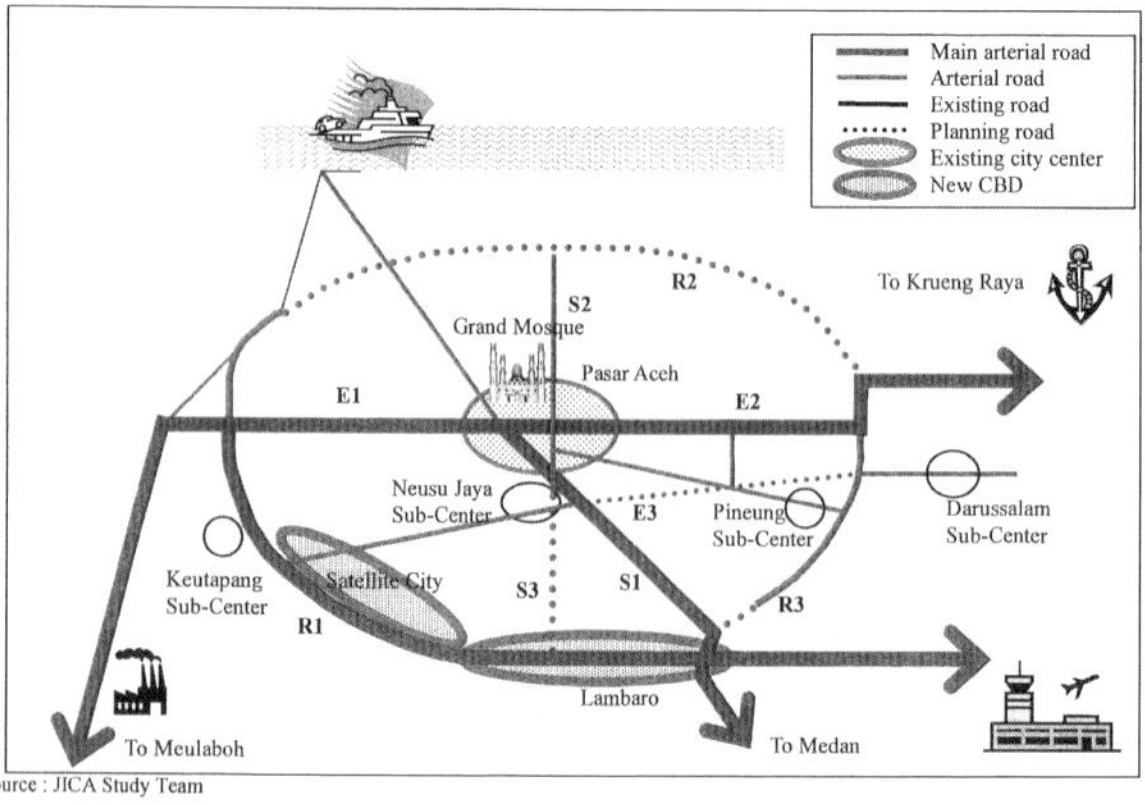

Source : JICA Study Team

図. 138　道路ネットワーク概念図

　道路ネットワークは、環状道路に加え、津波からの避難や救援物資の輸送という緊急道路としての機能も含め、海岸に直交するような南北軸の道路も計画した。

　2段階による幅の広いグリーンベルトの計画は海岸線のみと

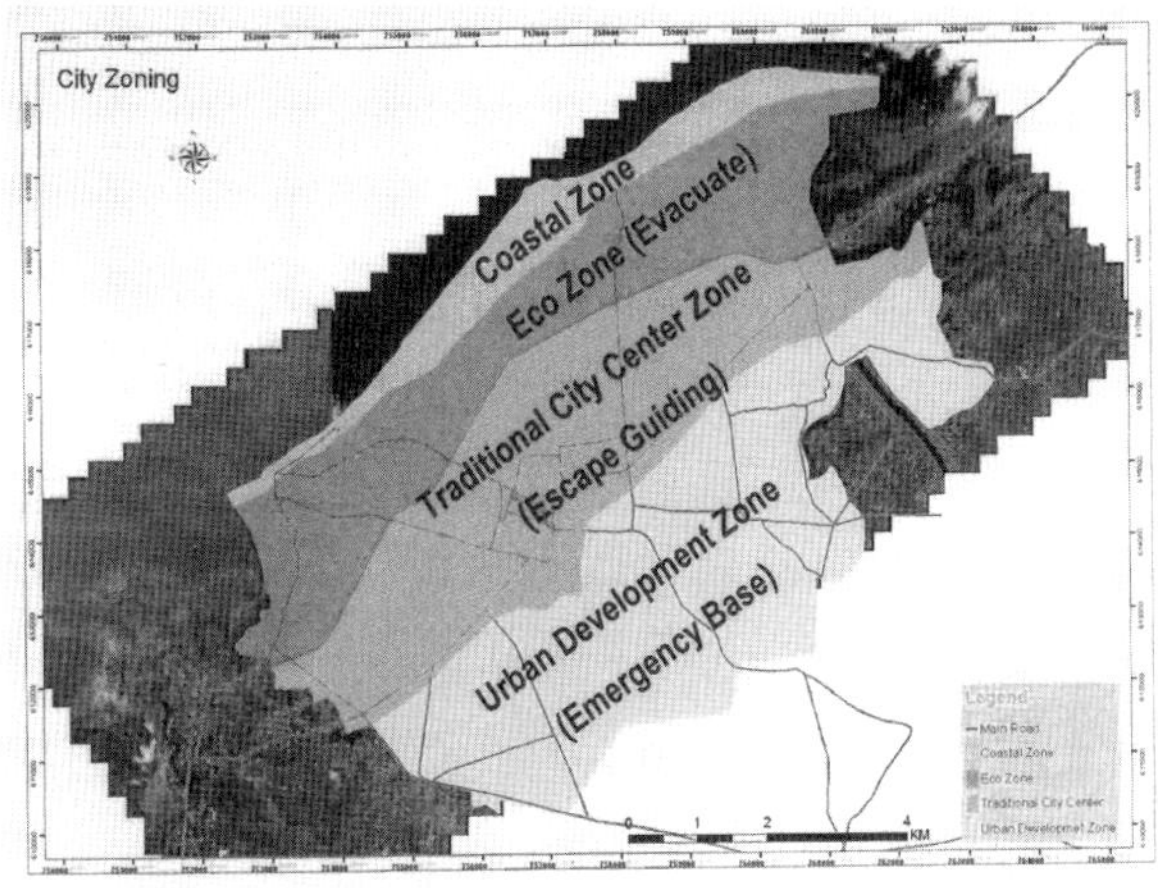

Source: JICA Study Team

図. 139　ゾーニング

表10. ゾーンの種類と特徴

ゾーン名	災害対策	都市機能
海岸ゾーン	津波減衰	海岸、港、 ヤシ、マングローブ
エコゾーン	撤退エリア 避難施設	海岸、低地 漁業、農業、津波パーク
伝統的センターゾーン	避難誘導エリア 避難施設、避難道路	東西のコリドール 既存商業文化施設の再生 既存居住施設の再生
開発ゾーン	緊急拠点、多目的エリア	新都市拠点 中心業務地、住宅地 緊急拠点、教育、農業

し、津波減衰の効果を期待してマングローブを植えることにした。内陸にはグリーンベルト程ではないがヤシを植えることにした。海岸線から約2キロメートルのエリアは漁業と農業のゾーンとした。そして、防災公園は性格別に4箇所計画した。

⑧その他

ブループリントで提案されたエスケープ・ヒルは、実現性の問題もあり計画は取り止め、代わりに、鉄筋コンクリート造による耐震性のあるビルを避難ビルとして位置づけ、津波時の避難に対応することにした。また、川にかかる橋を高架橋とし、緊急避難できるように計画した。そして防災拠点の計画も行った。

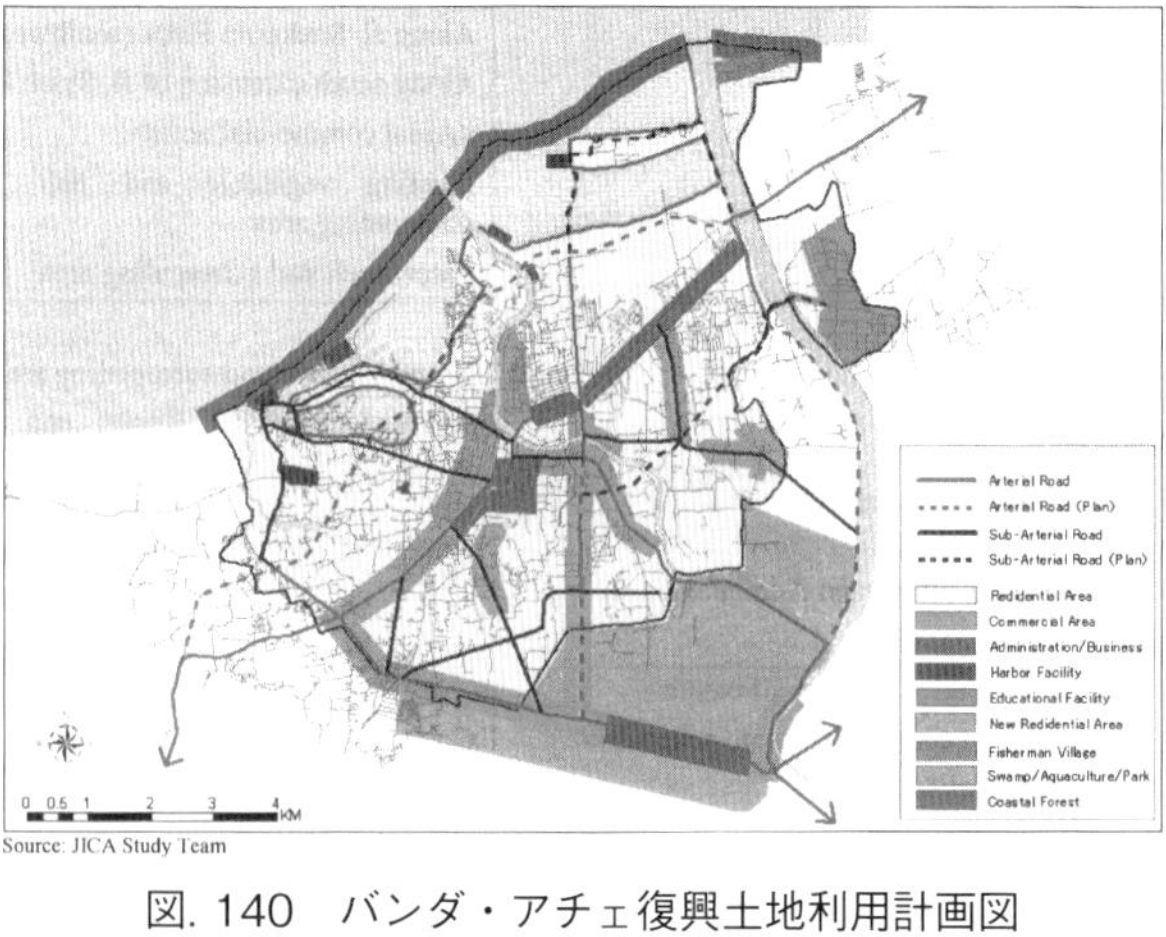

Source: JICA Study Team

図. 140　バンダ・アチェ復興土地利用計画図

５　東日本大震災と比較して

今回の東日本大震災の被災地とバンダ・アチェ市を単純に比較することはできない。しかし、広範な津波被害を及ぼしたという点では他に例がない。そのため、今回参考として取り上げたが、東日本大震災の被災地の復興計画の策定に気になっていることがある。それは、将来人口の予測の議論が聞こえてこないことである。

バンダ・アチェ市では、約７万３，０００人の死者・行方不明者がいたため、人口減少が大きく、そのため、復興計画を策定するに当たって将来人口を予測した。復興のブループリントを決めるため将来人口の予測は不可欠であった。加えて、将来の土地利用計画を策定するためには、地区毎の死者数と生存者数の把握は不可欠であった。そして住宅地を大幅に移動させた。

東日本大震災の復興計画に向けて聞こえてくるのは、千年に１度は無理でも、１００年に１度の災害は防ごうという声である。しかし、１００年後の人口はどうなっているだろうか。人口減少傾向にある市町村が被災すると、さらに人口が減少するということは、過去の災害が示している。

復興計画は100年後の社会を予測して計画されているわけではないが、100年に1度の災害を防ぐことは当然のこととされている。

市町村によっては、これを機会に大規模な嵩上げ等により大胆な都市構造の変革を行うところもありそうである。しかしその結果、基盤整備のために工事期間が長くなり長期間居住地に戻れない可能性がある。その場合、戻ってくる方々がどれだけいるかということが懸念される。

市町村の将来像を描くために、少なくとも通常行われるように、10～20年程度の人口予測を行い、調整しながら土地利用計画を策定し、復興計画を住民に示すことも必要な検討課題と思う。どれだけの方々が戻るかという懸念は原子力発電所事故の福島県の被災地でも同様である。

（「東日本大震災からの復興覚書」万来舎掲載原稿を加筆修正）

第4章の図版は、図129及び図133を除き「インドネシア国 スマトラ沖地震津波災害緊急復旧・復興プログラム（バンダアチェ市緊急復旧・復興支援 プロジェクト）最終報告書（JICA 2005）」より転載

第5章　東日本大震災からの呼びかけ

ここでは、これまで本書で見てきた被害状況から復興計画策定までの課題の中から、基本的で重要と思われる呼びかけを整理する。

1　想定外の災害

今回の東日本大震災の地震は想定外の大きさと言われ、津波は広範囲に甚大な被害をもたらした。しかし東日本大震災以前に、独立行政法人防災科学研究所では長期予測として、今後30年以内に震度6弱以上の揺れに見舞われる確率の分布図と主な地震の長期評価結果について、平成18年1月1日を基準日として「全国を概観した地震道予測地図」を公表していた。

ここには宮城県沖地震としてマグニチュード7・5前後の発生確率が99パーセントとされ、その外洋に三陸沖南部海溝寄りの地震としてマグニチュード7・7前後の発生確率が80～90パーセントとされ、また日本海溝沿いでは三陸沖から房総沖の海溝よりのプレート内大地震ではマグニチュード8・2前後が低い確率で予測されていた。

しかし、東日本大震災のマグニチュード9・0という大地震は予測されていなかった。そのため想定外ということになるが、ある数値が示されると、そこで理解がとどまってしまう。

このように想定外の災害が発生し亡くなられた方々が多い中で、想定外はあるとの心構えを持ち、普段支えられ生かされている大自然に対する畏敬と感謝の念を改めて抱いた。

2　安全神話の崩壊

各地の被害状況を見てきたように、多くの自治体の防潮堤が被害にあった。その中でも象徴的なものが、宮古市田老町の防潮堤の被害である。

田老町では、明治39年の明治三陸地震津波、昭和8年の昭和三陸地震津波を経験し、その教訓から昭和9年から万里の長城と呼ばれた防潮堤の工事に着手し完成させた。その後、昭和35年のチリ地震津波が三陸海岸を襲ったが被害を最小限にとどめたため、田老町の防潮堤は世界に広まり安全神話ができた。その後工事は二期工事、三期工事と新防潮堤を建設することになり、旧防潮堤と新防潮堤による二重の「X字型」の防潮堤が完成した。

内側の旧防潮堤は、湾口に直角に建設され津波を沢沿いに受け流し避難時間を稼ぐことが目的とされ、外側の新防潮堤は湾口に平行に建設され津波に抵抗するようにつくられた。しかし、時間の経過とともに、旧防潮堤と新防潮堤の間に住民が住むようになり、当初の避難時間を稼ぐという設計意図は忘れられ、二重の防潮堤により絶対安全という思いが住民に浸透した。

ここに、今回10メートルを超える想定外の津波が来た。湾口に平行な新防潮堤は破壊され、旧防潮堤は乗り越えられ、住宅地は被害を受けた。新防潮堤の内側の住宅地は引き波で流されたが、旧防潮堤は破壊されず引き波の被害は食い止めた。

時間の経過とともに、いつしか当初の設計意図が忘れられ、二重の防潮堤に守られて絶対大丈夫という安全神話が住民に浸透したが、今回その安全神話が崩れることになった。安全神話について絶対ということはないと認識を改めることである。

3　土地利用の在り方

津波は忘れた頃にやってくる。

三陸海岸をはじめ、津波はこれまでにも多くの被害をもたらした。大津波が来るたびに海岸沿いは危険として、津波の到達位置に塚を立て、そこから海側には住まないようにしてきた。しかし、年月が経過すると、以前の津波は忘れ去られ、新しい世代の次男、三男は漁業に便利で、安価な土地を求めて海の近くに住むようになる。

そのようにして、また海の近くに住宅地が形成される。そして、以前の津波を忘れた頃に、また津波が来る。これまで、そのようなことが繰り返されてきた。

今回のマグニチュード9・0という巨大地震は想定外であり、大きな被害をもたらした。もう二度とこのような悲劇を繰り返さないようにしなければならない。

各自治体の復興計画における土地利用を見ると、基本は、内陸部を居住ゾーンとし沿岸部は被災者を出さないように非居住ゾーンとしている。

居住ゾーンは、内陸部でも奥の方が居住地域で、産業活動を行う地域は内陸部でも海側である。そして、非居住ゾーンは防災林や公園、スポーツ施設の用途である。

今回の復興計画における土地利用が、これからも守られて行くことを願いたい。

４　二段階の津波防御

津波防御の方法としては防潮堤があるが、想定外の津波の場合、防潮堤には限界がある。東日本大震災では、防潮堤が破壊されるあるいは乗り越えられるという被害が多かった。

そのため、復興には二段階の防御対策をとった。

数十年から百数十年に一回程度発生する近代では最大といわれる「レベル１津波（Ｌ１）」、そして、５００年から千年に一回程度発生する最大級といわれる「レベル２津波（Ｌ２）」に対応した方法である。

レベル１津波への対応の考え方は「防災」で、人命を守る、財産を守る、経済活動を守ることであり、防潮堤や河川堤防で対応することにした。

レベル２津波への対応の考え方は「減災」で、人命を守る、経済的な損失を軽減する、大きな二次災害を引き起こさない、早期復旧を可能にすることであり、嵩上げ道路等の内部の防潮施設で対応することにした。

これからは、二段階の防御方策に期待したい。

5　避難の在り方

今回の津波でも、すぐに避難しなかった方々が津波の犠牲になった。その象徴的な出来事として大川小学校の悲劇があった。しかし、釜石の奇跡で見られたように、小・中学校でも犠牲者を出さずに避難したところがあった。

釜石の奇跡は、防災の授業を学校教育に取り入れていた「テンデンコ」に基づき、小学生でも身の危険を感じたときには自分の判断で避難した。そして、上級生は下級生を連れて避難した。その点、大川小学校では、すぐ近くにあった裏山に避難できたにも拘わらず、校庭に集合し、上からの指示を待った。このような判断が運命を決めた。

結果的に、釜石では犠牲者は出さず、大川小学校では、小学生や教職員も津波の犠牲になった。自らの身は自ら守る、このことを再認識しなければならない。

これから必要とされるのは、義務教育に防災教育を取り入れることである。そして、自らの身は自ら守ることを小学生の時から教育することが求められる。

ただ、「テンデンコ」については配慮が必要である。それは身体障害者等の災害弱者対策である。災害弱者を守ることを踏まえた避難方法と教育が求められる。

6　避難所の立地

東日本大震災では、被害にあった避難所が多かった。避難所が被災して問題になる場合、地震ではなく今回の津波の場合もそうであるが、台風の場合や集中豪雨の時のように水害にあう場合が多い。今回の地震発生後、陸前高田市の市街地の中心部にある避難所に大勢の人が避難した。しかし、津波が押し寄せ体育館の中に濁流が流れ込んだ。津波は反対側の壁を突き抜け、避難していた方々は外に流され生存者はわずか数名であった。

このような悲劇は二度と繰り返してはならない。

一方、大槌町では、市街地の火災が小高い丘に建設されていた小学校にも及んだ。しかし、その小学校は避難所には指定されておらず、住民はもう少し後背地にあった指定された避難所の公民館に避難し助かった。もし小学校が避難所に指定され大勢の方々が避難していたら、周辺の火災により相当数の犠牲者が出ただろう。

このような教訓から、水害の危険のある低地や、火災の危険のある木造密集市街地の避難所の指定は見直されなければならない。

7　広域避難

今回の東日本大震災では、多くの被災者が居住自治体を出て他の自治体に避難した。その象徴的な例が、福島県の双葉町が、町役場をも含めて住民が約1、200人、埼玉県に避難したことである。このような状況になったのは、原子力発電所事故の影響もあるが、今回の津波を伴う震災が被災者に与えた影響が大きかったということである。

しかし、他の自治体に避難するといっても、災害時に他の自治体と連携する協定は十分には出来ていなかった。基本的に他の自治体との協定は応援協定であり、避難者の受け入れについては、特に大勢の避難者を受け入れる協定はなかった。そのため、大規模で広域的な災害時における被災者対応の改善が必要となった。

そこで、平成24年、災害対策基本法に、市町村・都道府県の区域を超える被災住民の受け入れのため「広域避難」に関する諸規定が新設された。

そこでは、広域での被災住民の避難が円滑に行われるよう、市町村・都道府県の区域を超える地方公共団体の被災住民の受け入れ手続き、都道府県・国による調整手続きを規定している。

しかし、大人数の受け入れの実施には問題が多いと思われ、今後の検討課題である。

8　復興計画策定の前提

復興計画の策定は急がれた。国の方針、県の方針、そしてそれらに基づき市町村の復興計画が策定される。地震のような災害であれば、隣接自治体との調整には問題が少ないと思われるが、津波の場合、自治体を守るためには隣接自治体との調整が必要になる。

東日本大震災では、岩手県の三陸海岸のようなリアス式海岸では、それぞれの入り江ごとに存在する自治体は独立して復興計画を策定できたが、宮城県の広大な仙台平野に自治体が連続している場合は、津波防御のために隣接自治体との調整が必要である。

３章で宮城県の自治体の復興計画を検証したが、隣接自治体との調整をせずに策定した自治体もあった。復興の青写真の作成は急務であるが、隣接自治体との調整は必要なものである。今回調整されなかった復興計画は、実施計画作成の段階で調整が必要となろう。

また、復興計画を立案するときに、将来人口を予測していないものが多かった。４章に、バンダ・アチェ市の復興計画を一部紹介したが、将来計画を立案するには人口予測が必要である。

そして居住者が戻って来られる時期を示すことは重要である。

9　被災者の人間性

東日本大震災は国際的にも知られた大震災であった。そのため、海外のマスコミも大勢取材に来た。その中で、海外のマスコミが驚かれたことがあった。それは、被災者の人間性であった。初日の夜は雪が降るなどして寒かった。しかし、避難所の学校には暖房や毛布もなく、鉄筋コンクリートの避難所でゴロ寝して過ごした方も多かった。

そして、物資の支給や食事の時には、１列に静かに並んで支給を受けた。外国によっては、このような避難所環境では言い争いや暴動が発生してもおかしくは無かったようだ。このようなところが海外のマスコミに取り上げられ、日本人の人間性として評価された。

この被災者の人間性は特筆すべきことである。

言い争いや暴動が発生しても、問題の解決にはならない。早期解決を目指すならば、互いに思いやり穏やかで協調された避難生活をするべきであろう。

今後、国際的な大災害が発生した時に、日本人被災者の人間性がモデルとなるのではないか。

10　原子力発電所事故

新潟県中越沖地震の時は、最大震度６強で柏崎原子力発電所は停止した。これまでの原子力発電所に関する出来事はそのようなもので、大地震時には原子炉の運転は自動的に止まることになっており、その通り作動した。つまり安全確保のシステムは正常に作動し、原子炉という最も重要な部分については被害は無く、被害は周辺機器にとどまっていたということである。

しかし、今回の東日本大震災では、原子力発電所が直接被害を受けた。周辺の放射能汚染の影響は大きく、帰宅困難区域は広範囲に及び、住民は、居住地から離れることになった。

放射能汚染は長期にわたることが予想されており、復興計画の策定は予測がつかない状況である。

加えて、我が国のエネルギー政策として脱原子力発電の動きもあり、復興計画ができるのはまだ先のことになる。現状で原子力発電所事故が発生すると、このようなことになるということをしっかり認識することである。

11　帰宅困難者対策

帰宅困難者対策は、直接被災地に関連したものではないが、東日本大震災を契機に大都市を中心に全国的な共通認識となった。帰宅困難者とは大震災等により、交通機関がストップし、通勤等で出社していた方々が帰宅できなくなった状況に対する対策である。

東日本大震災の発生した当日は、駅などの交通拠点は大混雑となり、遠路を夜まで歩いて帰宅する状況が見られた。この事態の重要性から、帰宅困難者対策が検討されることになった。

帰宅困難者対策は、今回が初めてではなく、阪神・淡路大震災の時にも話題にはなり検討していた自治体はあったが、全国的な共通認識が持たれたのは、今回の東日本大震災からであった。

大震災時には、帰宅困難者を公共施設だけでは収容できなくなり、協定により民間の施設に収容スペースを確保する、また企業は災害時にすぐに帰宅させるのではなく、混雑を避けるため従業員を会社に収容し飲料水等の備蓄をするような対策がとられるようになった。またコンビニ等ではそのような帰宅困難者のためのトイレや飲料水等の支援拠点となるなど多くの対策がとられるようになった。

改めて、当時執筆したものを読んでいると、東日本大震災がいかに広範囲に被害を及ぼしたのかがわかる。取り上げている地区は一部であるが、それぞれ意味があった。

海外のメディアは興味を持って報道した。特筆されるべきことは、日本人の忍耐強さが驚きの声を持って報道されたことである。例えば、震災の発生した夜は雪が降り、鉄筋コンクリート造の学校の避難所は寒く、毛布もない冷たいコンクリートの教室で一夜を明かした方々もいたように、避難所環境は必ずしも良好とは言えなかった。さらに、静かに並んで順番を待ち食糧や物資を受け取る姿などに見られたように、被災者による暴動が発生しなかった。その人間性が国際的に称賛された。今後、国際的に大きな災害の時は、被災時のマナーとして日本からの教訓が国際的に取り上げられそうである。

今回の大震災の特徴として、避難者が居住自治体から離れて避難する例が多く見られた。そのため、平成24年には、災害対策基本法に居住自治体から出て他の市町村や都道府県に避難するための広域避難に関する条文が盛り込まれた。これまで、他の自治体との応援協定はあったが、大人数を対象とした避難に関する協定は無かったのである。

復興計画の早期作成が求められる中、自治体は、発生した年の末までに復興計画の策定を目指した。原子力発電所事故の影響を受けた福島県の自治体の復興計画はまだ手付かずであったが、岩手県と宮城県からいくつかの自治体の復興計画を取り出し検証を行った。

リアス式海岸で構成される岩手県の場合、入江毎に集落があり、集落単位の復興計画となるため集落独自で策定できるが、広大な仙台平野に連続する自治体を持つ宮城県では、津波対策として隣接自治体との調整が必要となる。しかし、宮城県の自治体の検証の中で、復興計画策定を急ぐあまり隣接自治体との調整を欠いた復興計画も見られた。

そのような状況も見られたが、土地利用計画は、浸水したエリアを避けて海岸沿いは非居住ゾーンとしたこと、そして高台移転や嵩上げが大規模に行われたことは大きな成果であった。津波は忘れた頃にやってくると言われているように、これまでも被災後は海岸沿いに住まないようにしてきたが、年月の経過とともに過去の災害を忘れ、便利さを求めて海岸沿いに居住し、再び津波で被災するという歴史を繰り返してきた。しかし、今回の土地利用計画では、「もう繰り返さない！」という決意が見られたように思う。

なお、本書の出版にあたっては、ジェネスプランニング株式会社の三船国生氏には資料整理等の協力を頂いた。そして、株式会社近代消防社の家氏千里氏および石井政男氏にはお世話になりました。ここに感謝の意を表します。

２０２１年２月

三船康道

《著者紹介》
三船康道（みふね やすみち）
1949年岩手県生まれ。千葉大学建築学科卒業、東京大学大学院博士課程修了工学博士。技術士（総合技術監理部門・建設部門）、一級建築士。ジェネスプランニング㈱代表取締役。みなとみらい21地区防災計画の作成、スマトラ島沖地震インド洋津波バンダ・アチェ市復興特別防災アドバイザー、その他各地の防災関連の業務を行う。
〔委員等〕地域安全学会理事、日本都市計画協会理事、見附市防災アドバイザー、墨田区災害復興支援組織代表、国際連合日中防災法比較検討委員会委員、新潟工科大学教授等を歴任。
現在、希望郷いわて文化大使、ＮＰＯ法人災害情報センター理事、災害事例研究会代表、東日本大震災の被災地大船渡市の集落への派遣専門家、東京文化資源会議幹事。
〔著書〕「日本列島震度７の時代到来」近代消防社、「密集市街地整備論」早稲田大学出版部、「東日本大震災を教訓とした新たな共助社会の創造」近代消防社、「減災と市民ネットワーク」学芸出版社、「東日本大震災からの復興覚書」（共著）万来舎、「災害事例に学ぶ！ 21世紀の安全学」（編著）近代消防社、「安全と再生の都市づくり」（共著）学芸出版社、「地域・地区防災まちづくり」オーム社、「まちづくりキーワード事典・第三版」（編著）学芸出版社、「まちづくりの近未来」（編著）学芸出版社など。

KSS 近代消防新書
020
東日本大震災 上
－被害状況と復興計画の検証－
著　者　三船　康道
2021年3月12日　発行
発行所　近代消防社
発行者　三井　栄志
〒105-0021　東京都東新橋1丁目1番19号
（ヤクルト本社ビル内）
読者係（03）5962-8831㈹
http://www.ff-inc.co.jp

ISBN978-4-421-00947-7　C0230
価格はカバーに表示してあります。